Ganz einfach Tiere zeichnen

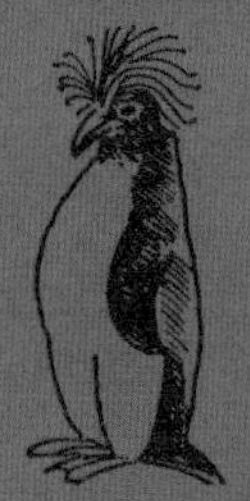

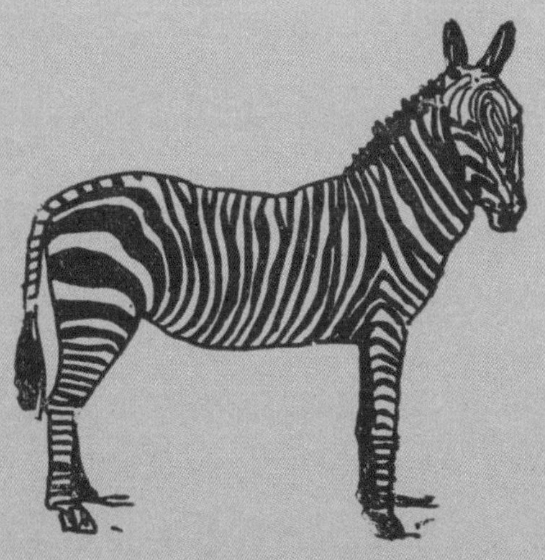

Robert Lambry

Der Klassiker seit 100 Jahren

Ganz einfach Tiere zeichnen

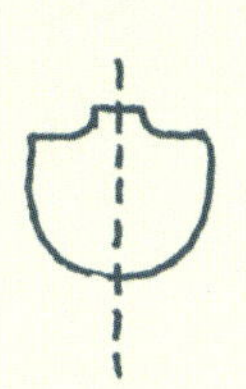
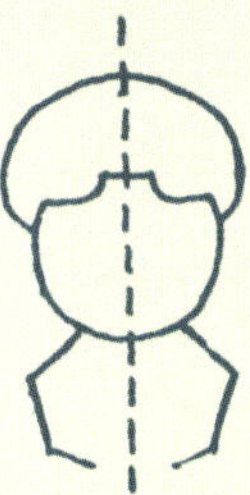
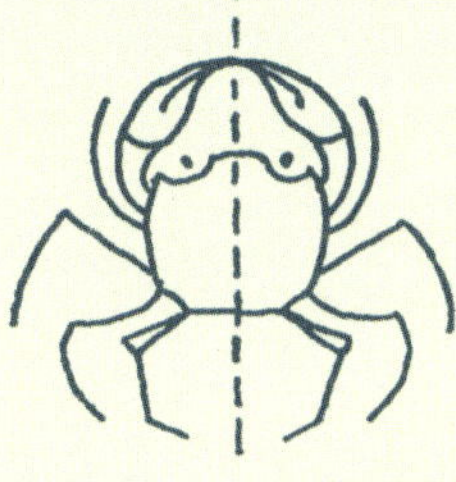
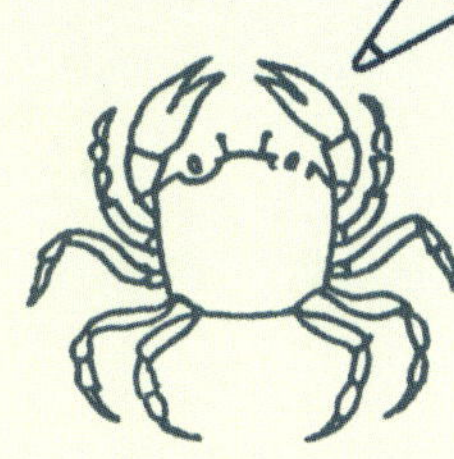

Über 150 Motive
mit vielen Varianten
Schritt für Schritt

Bassermann

ISBN 978-3-8094-4299-8

1. Auflage

Die amerikanische Originalausgabe erschien erstmals 2019 bei Quarry Books unter dem Titel »The Draw Any Animal Book«.

Projektkoordination: Dr. Iris Hahner
Umschlaggestaltung: Atelier Versen, Bad Aibling
Übersetzung und Producing: Dr. Alex Klubertanz, Garmisch-Partenkirchen
Herstellung: Elke Cramer

Verlagsgruppe Random House FSC® N001967

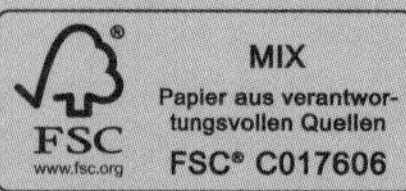

Printed in China

Inhalt

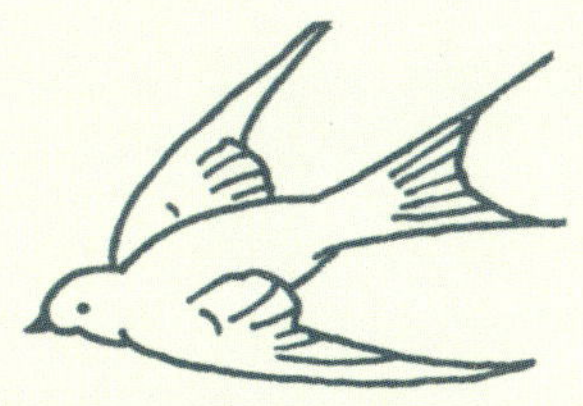

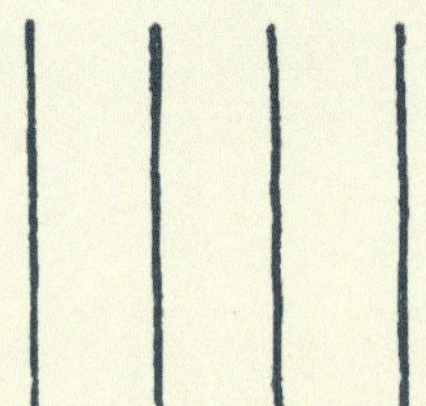

Parallele Linien

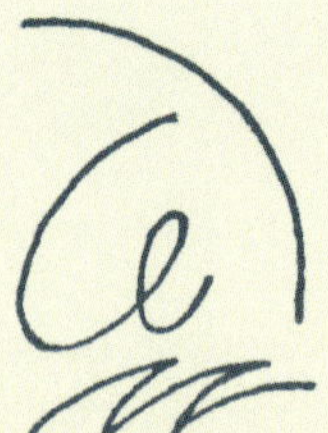

Kurven

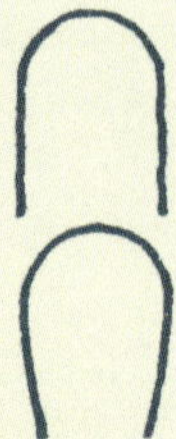

Bogen

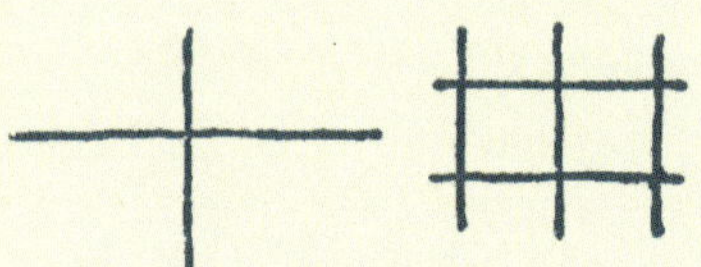

Gekreuzte Linien

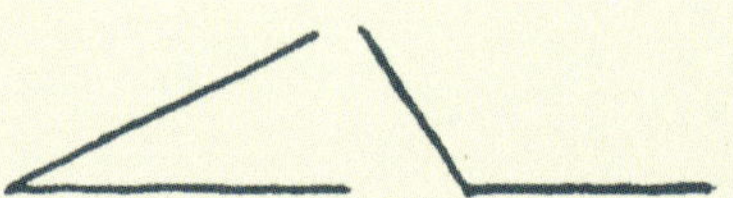

Winkel

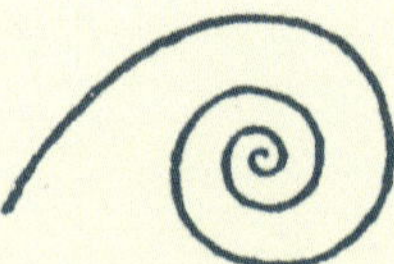

Spirale

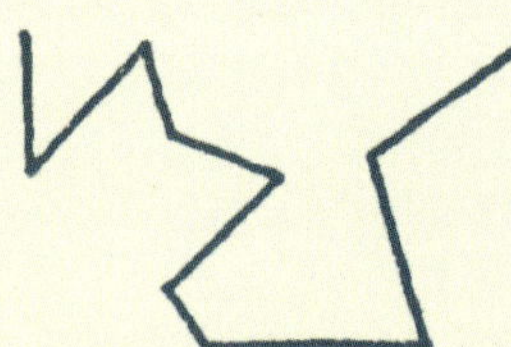

Gebrochene Linie

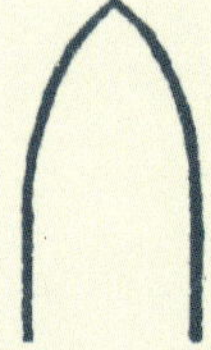

Spitzbogen

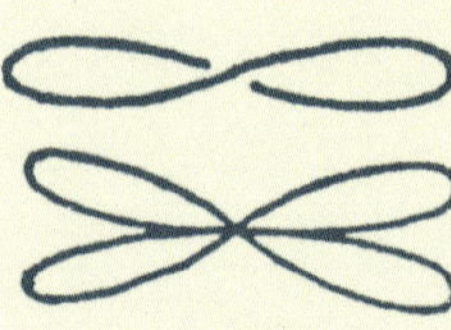

Wendel

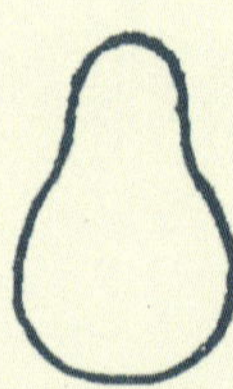

Birne

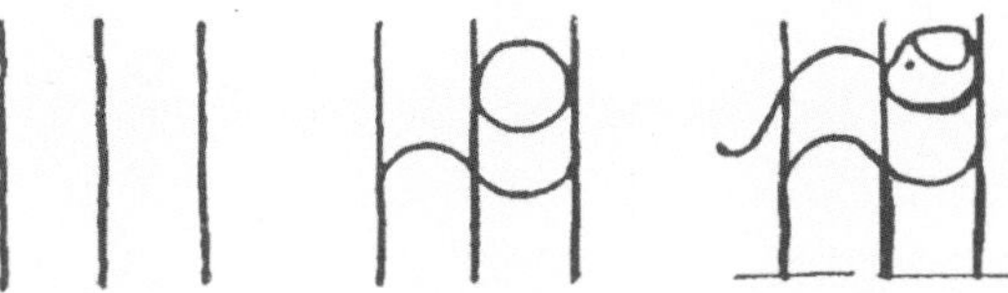

11

Einsatz von parallelen Linien: Hund

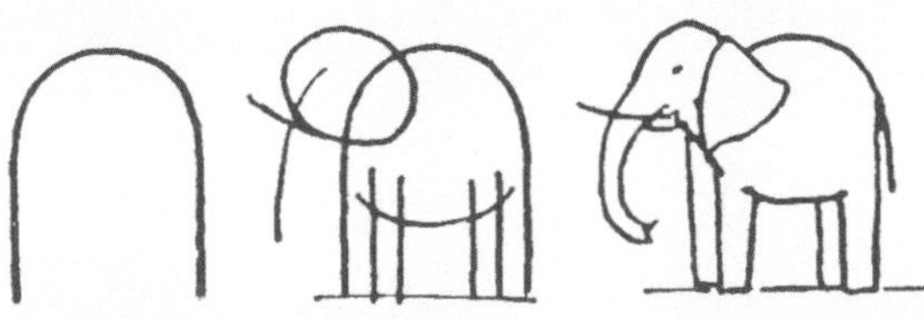

12

Einsatz eines Bogens: Elefant

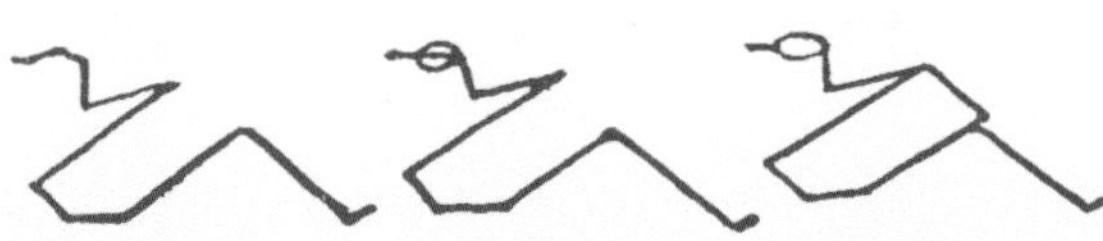

13

Einsatz einer gebrochenen Linie: Storch

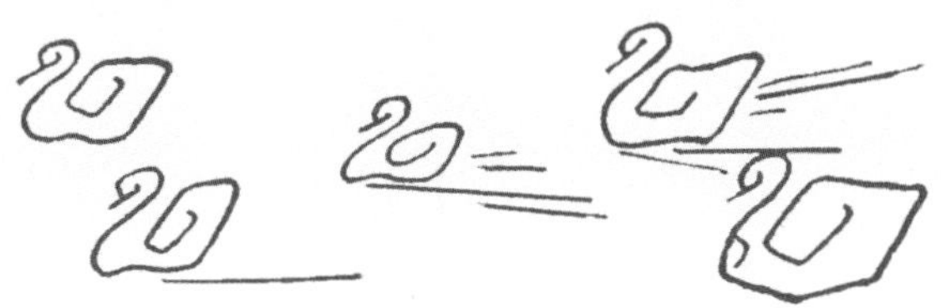

14

Einsatz von Spiralen: Enten

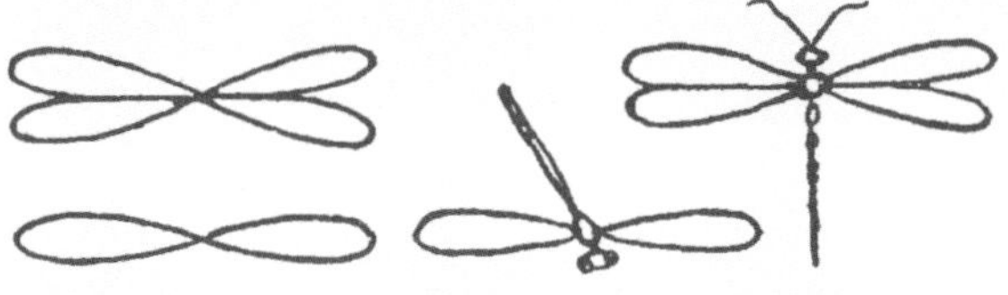

15

Einsatz von Wendeln: Libelle

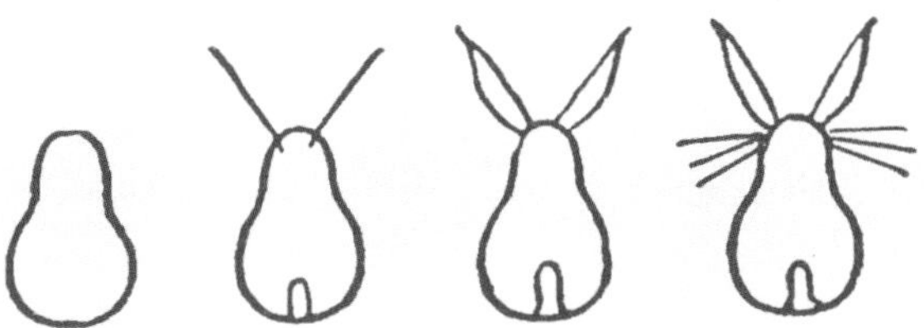

16

Einsatz einer Birne: Kaninchen

EINFACHE FORMEN

Auf den vorstehenden Seiten haben wir gesehen, wie wir geometrische Linien zur Darstellung von Tieren nutzen können. Einfache Formen sind genauso nützlich.

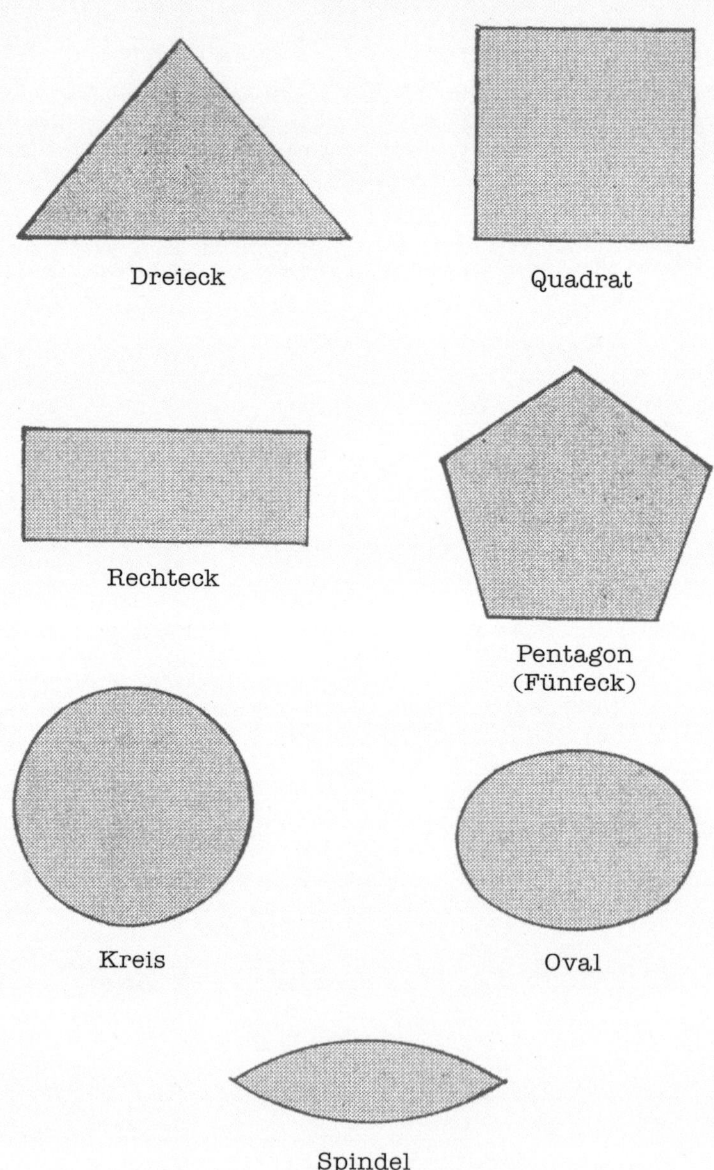

8

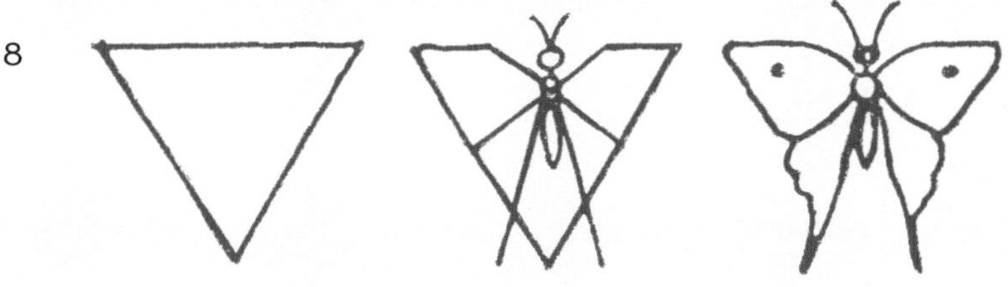

Einsatz eines Dreiecks: Schmetterling

9

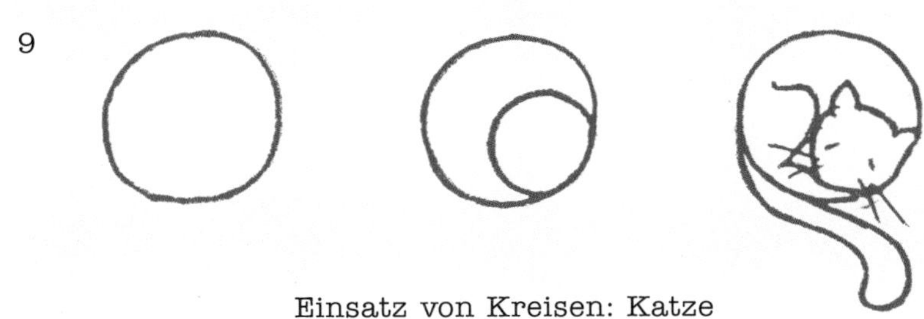

Einsatz von Kreisen: Katze

10

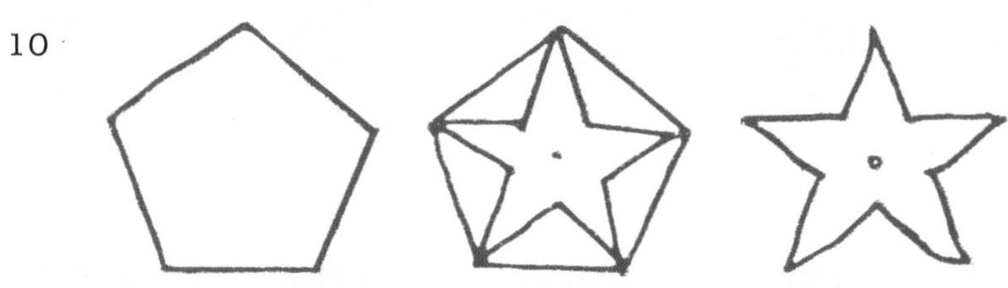

Einsatz eines Pentagons: Seestern

11

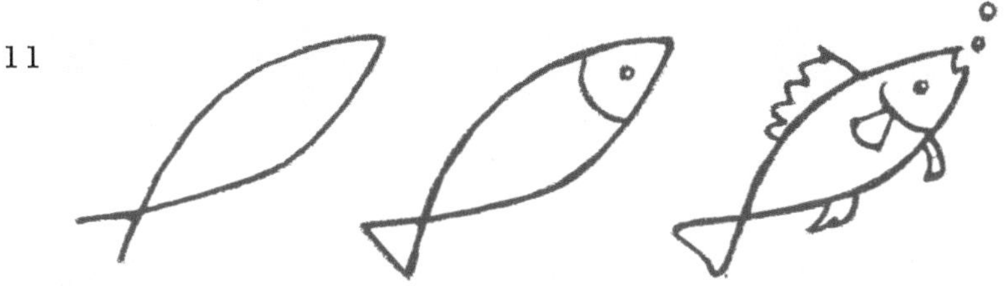

Einsatz einer Spindel: Fisch

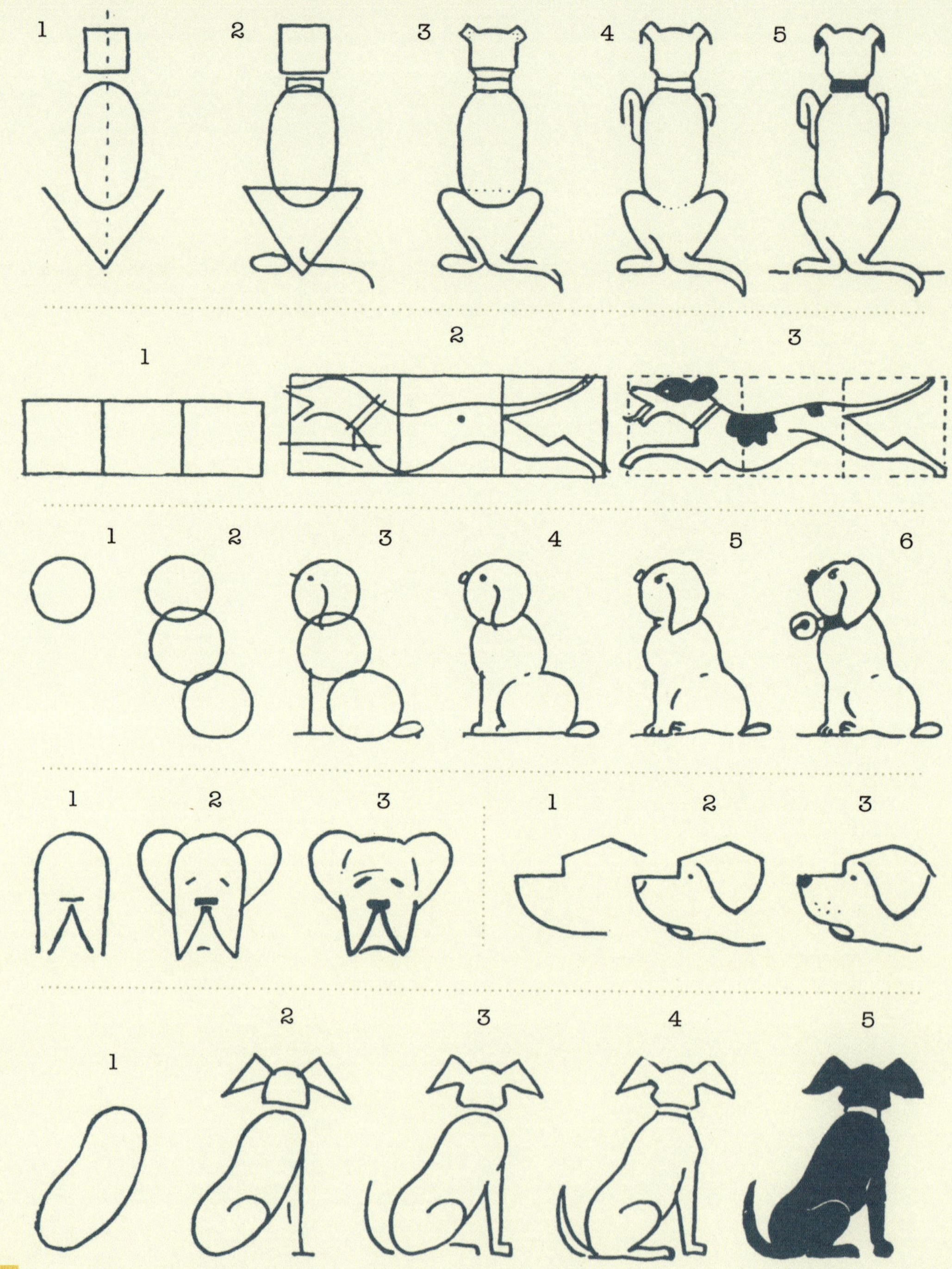
1
2
3
4
5
1
2
3
1
2
3
4
5
6
1
2
3
1
2
3
1
2
3
4
5

Jetzt bist du dran!

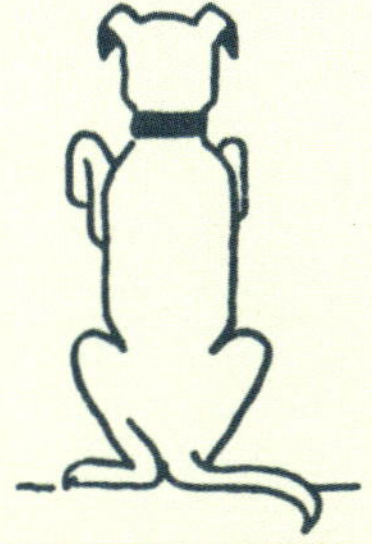

KATZEN

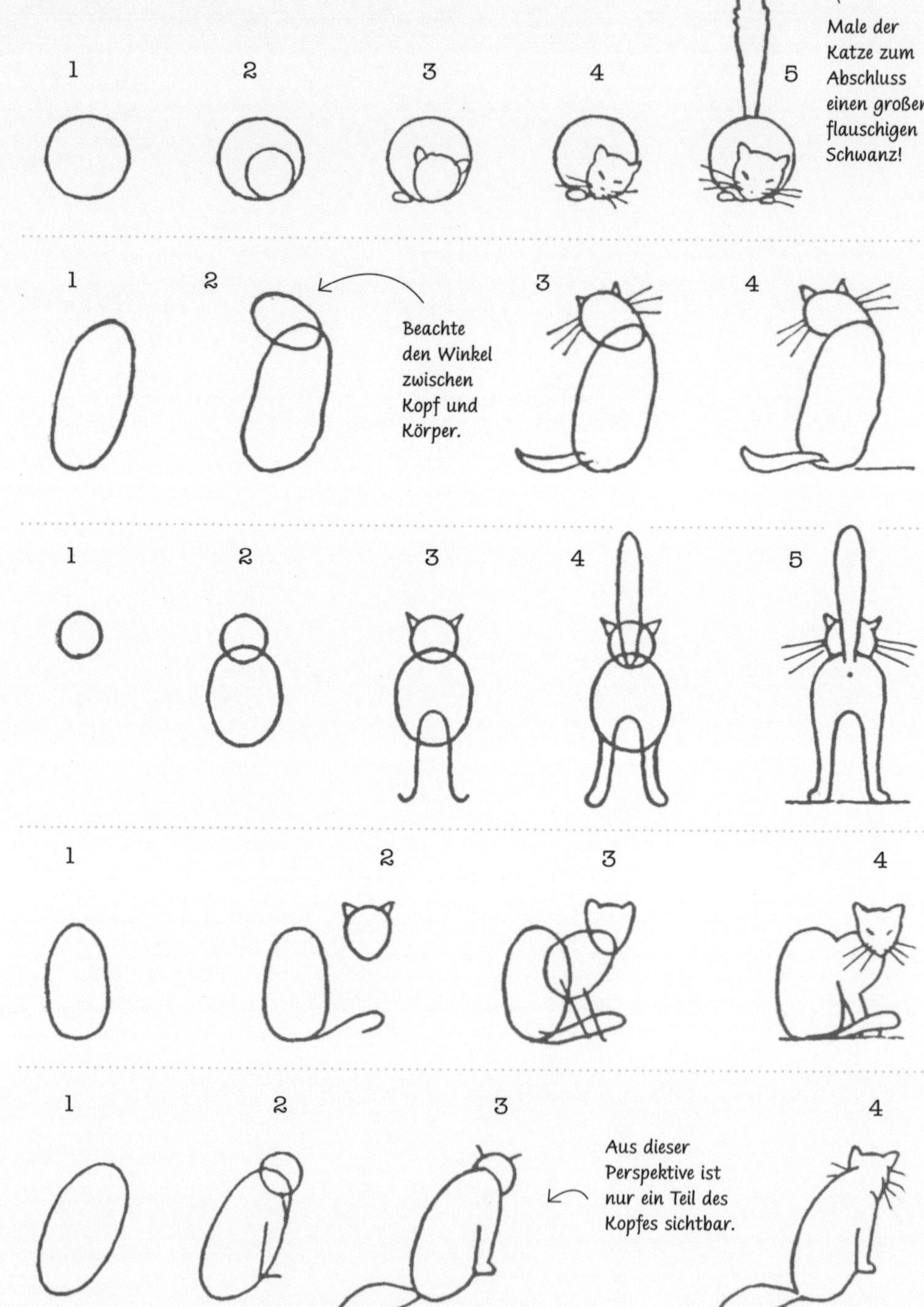

1
2
3
4
5
Male der Katze zum Abschluss einen großen, flauschigen Schwanz!
1
2
Beachte den Winkel zwischen Kopf und Körper.
3
4
1
2
3
4
5
1
2
3
4
1
2
3
Aus dieser Perspektive ist nur ein Teil des Kopfes sichtbar.
4

Jetzt bist du dran!

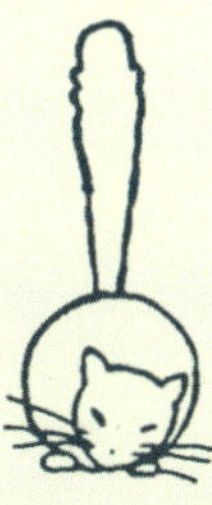

NOCH MEHR KATZEN

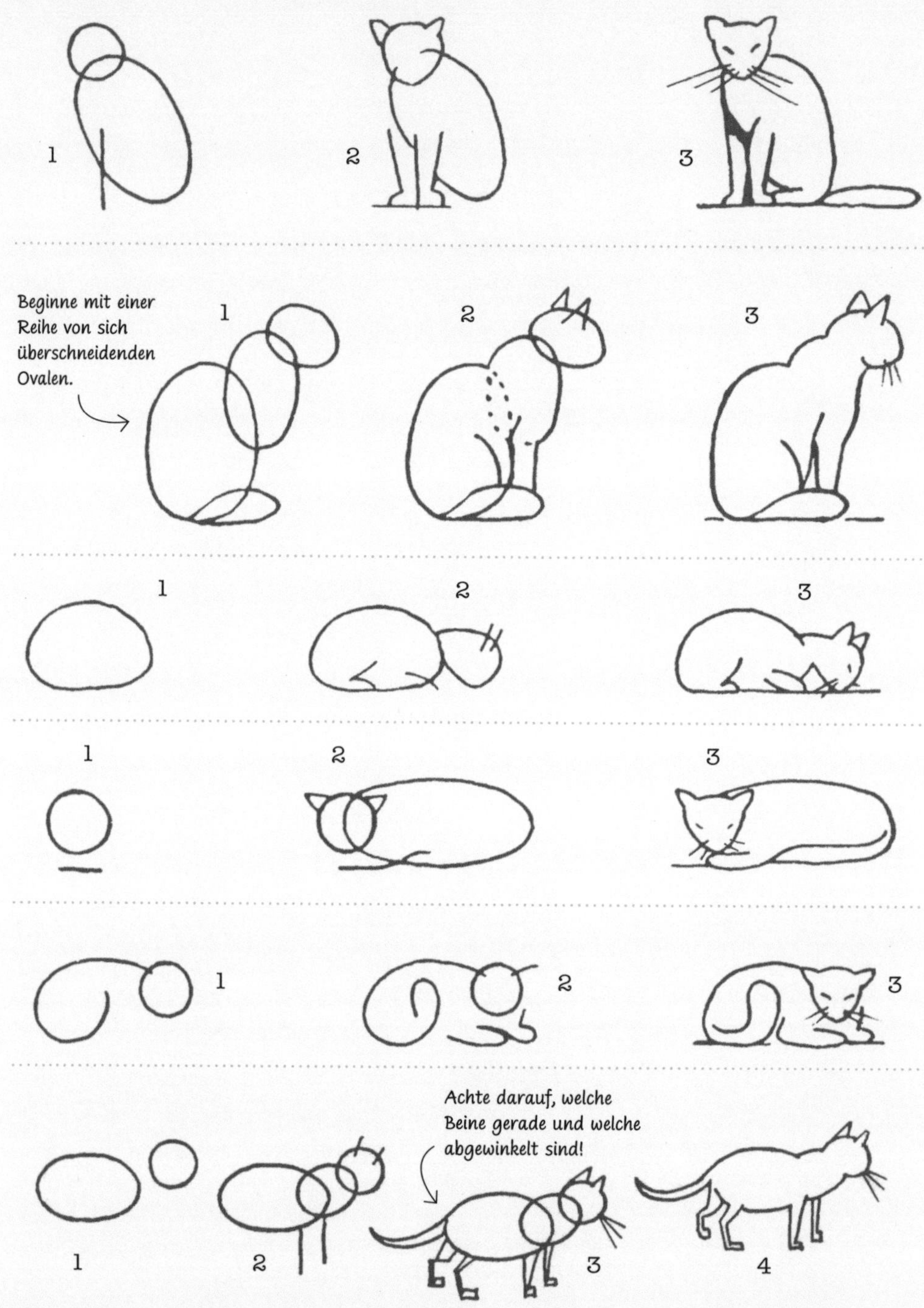

Jetzt bist du dran!

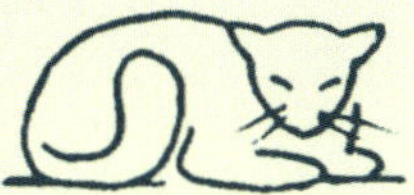

MÄUSE

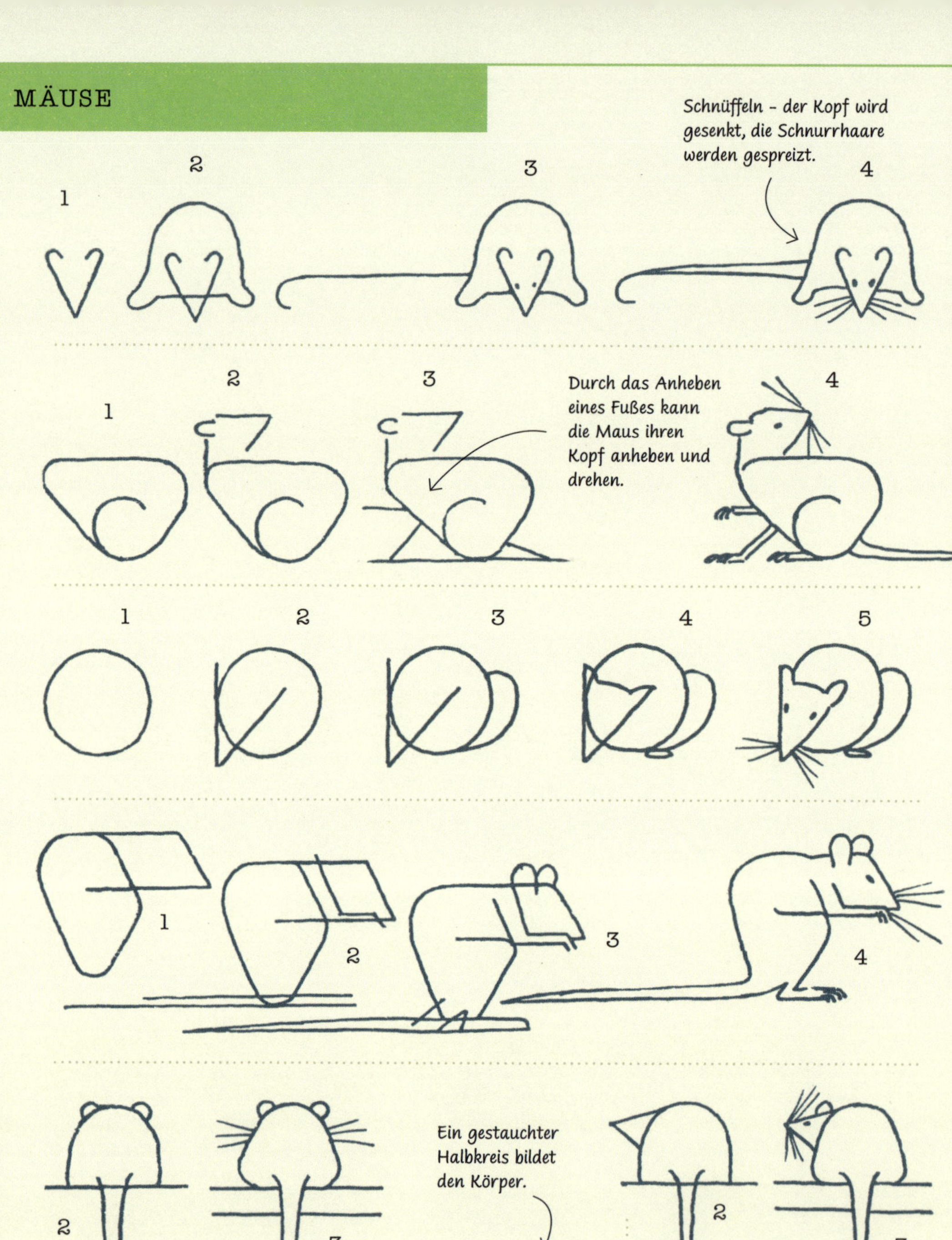

Schnüffeln – der Kopf wird gesenkt, die Schnurrhaare werden gespreizt.
1
2
3
4
Durch das Anheben eines Fußes kann die Maus ihren Kopf anheben und drehen.
1
2
3
4
1
2
3
4
5
1
2
3
4
Ein gestauchter Halbkreis bildet den Körper.
2
3
1
1
2
2
3
1

Jetzt bist du dran!

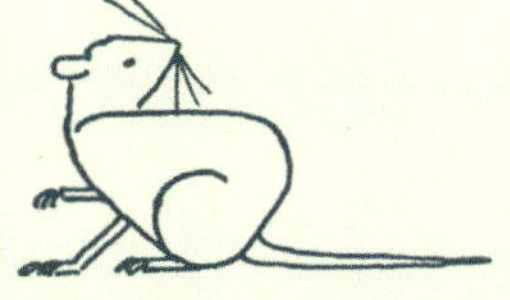

RATTEN UND WASSERRATTEN

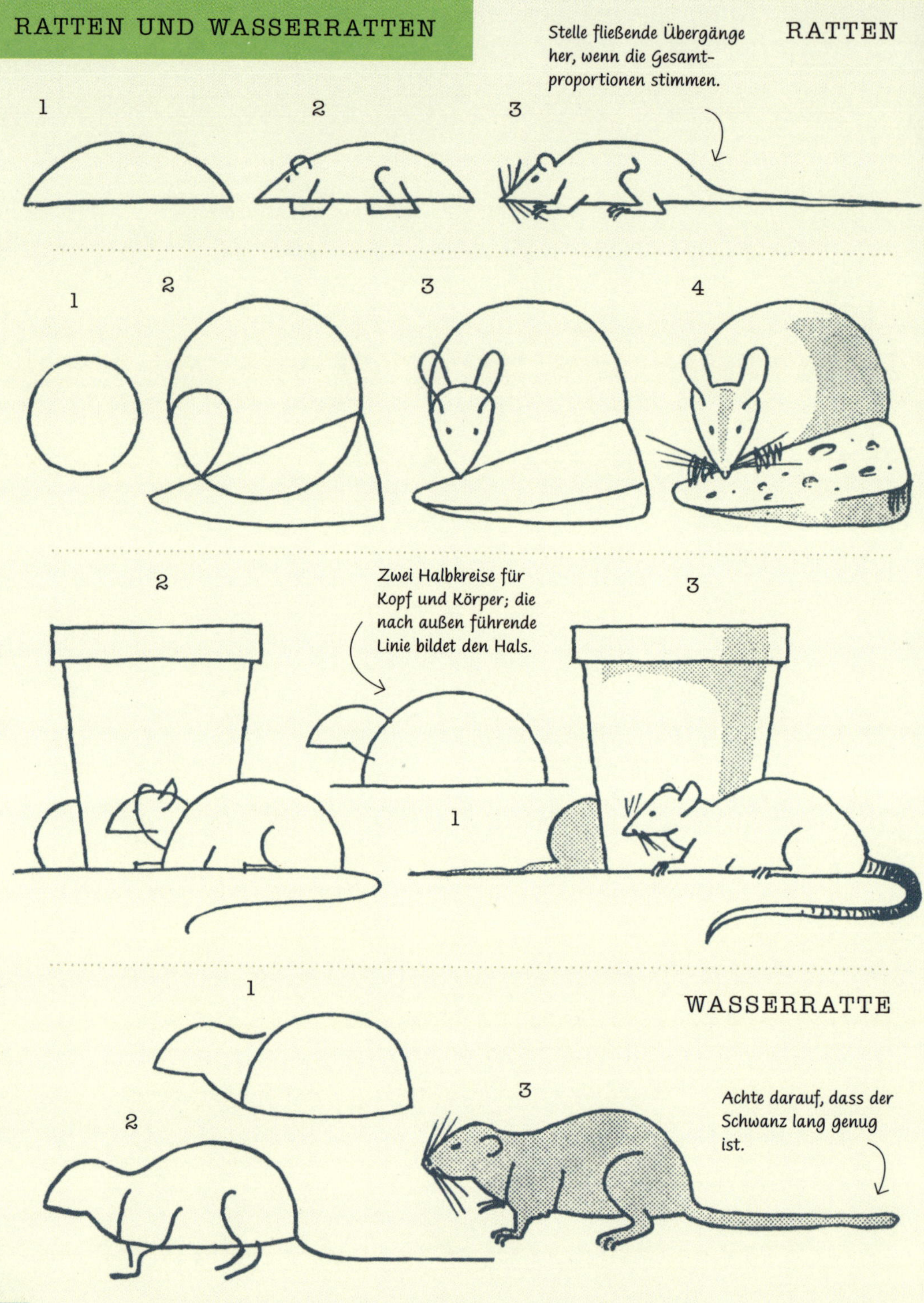

Jetzt bist du dran!

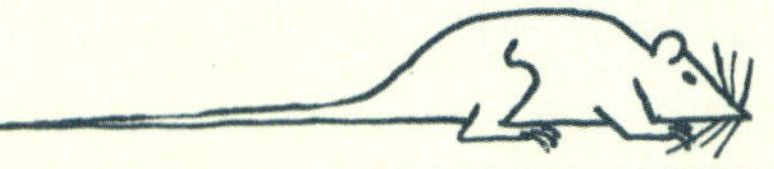

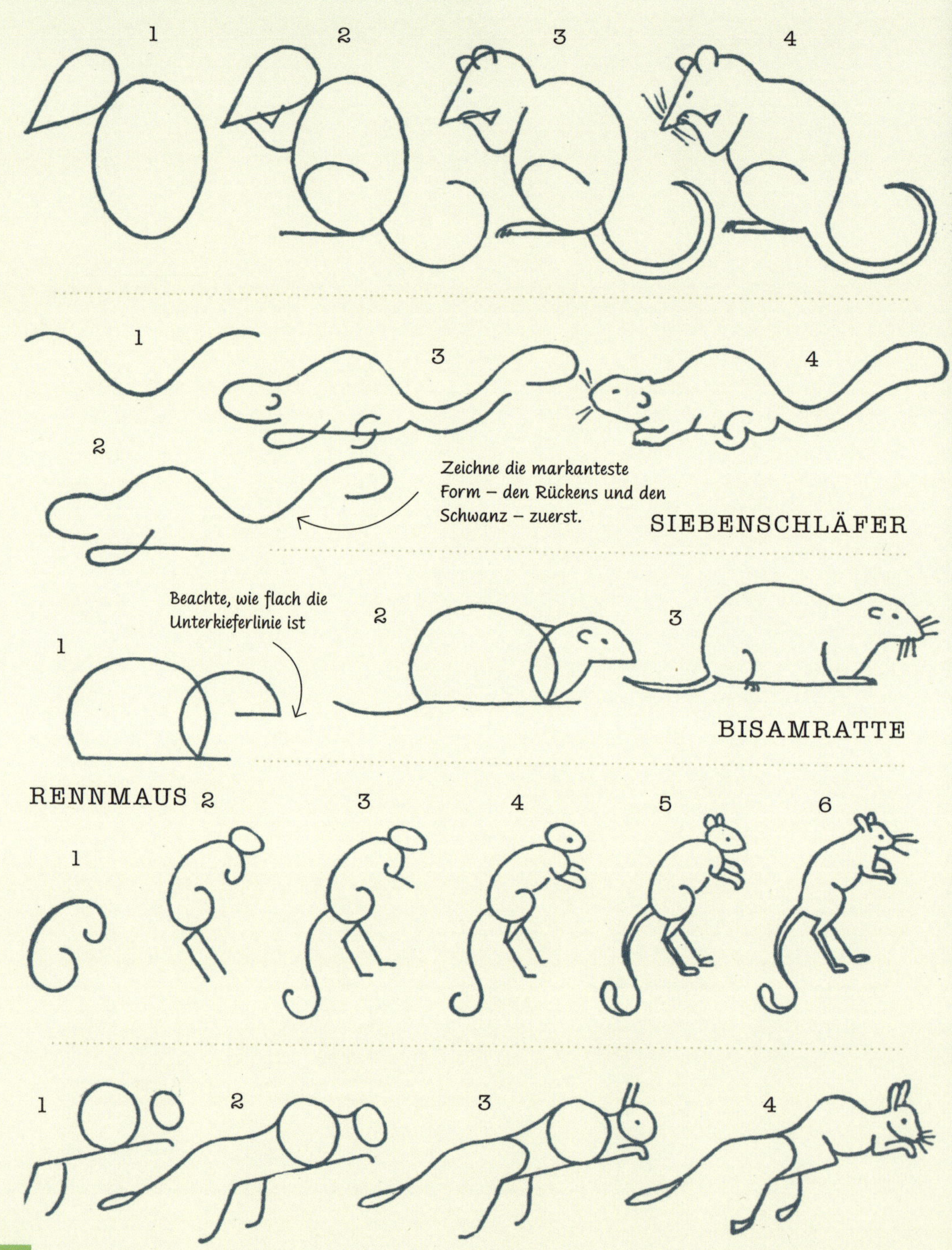
WALDMAUS
1
2
3
4
1
3
4
2
Zeichne die markanteste Form – den Rückens und den Schwanz – zuerst.
SIEBENSCHLÄFER
Beachte, wie flach die Unterkieferlinie ist
1
2
3
BISAMRATTE
RENNMAUS
1
2
3
4
5
6
1
2
3
4

Jetzt bist du dran!

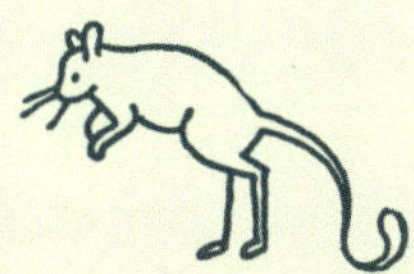

SPITZMÄUSE

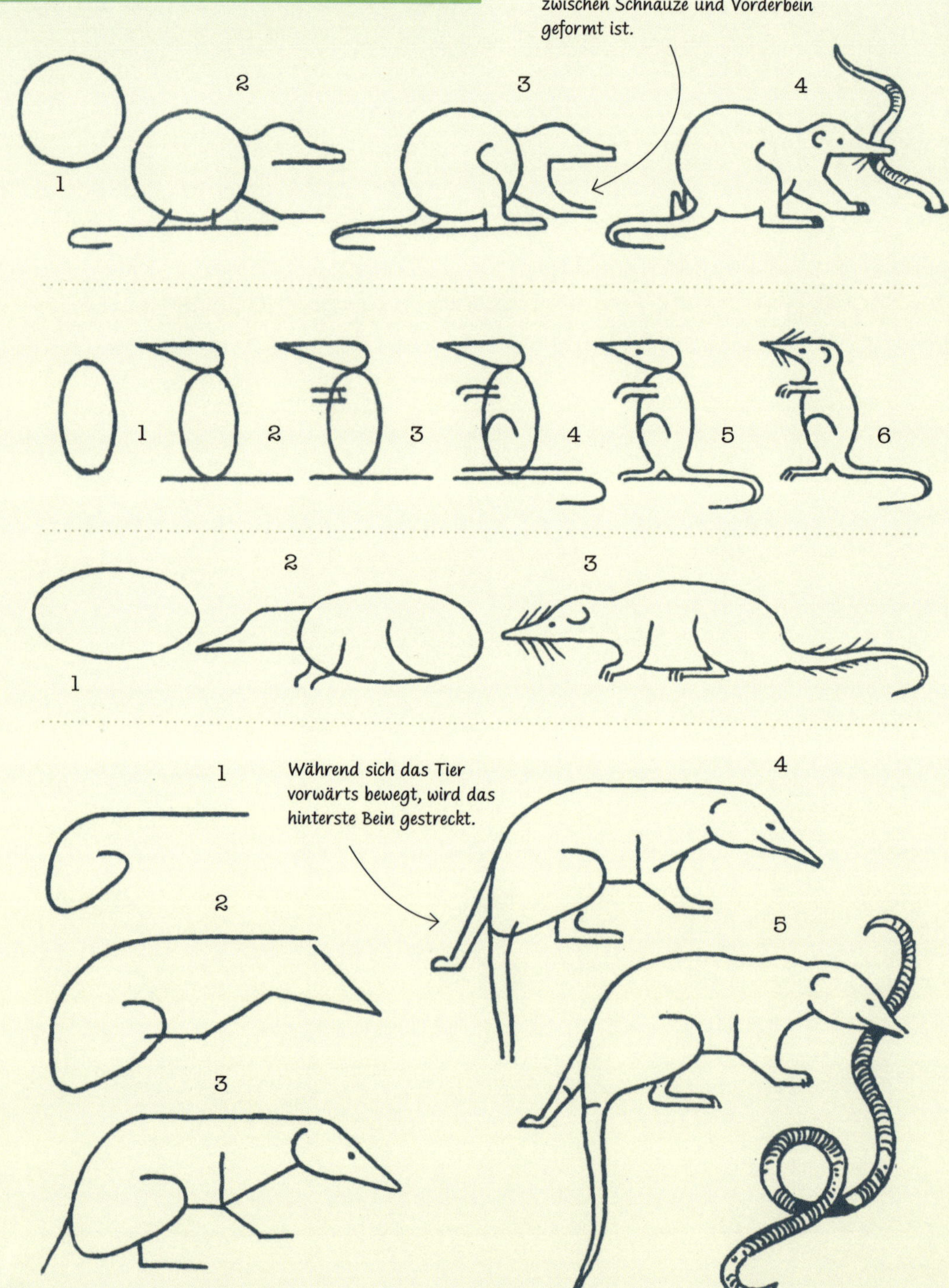
Beachte, wie der Zwischenraum zwischen Schnauze und Vorderbein geformt ist.
1
2
3
4
1
2
3
4
5
6
1
2
3
Während sich das Tier vorwärts bewegt, wird das hinterste Bein gestreckt.
1
2
3
4
5

Jetzt bist du dran!

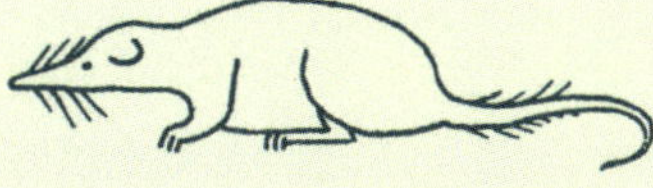

MAULWÜRFE

Ein kleiner, leichter Bogen deutet das geschlossene Auge an.

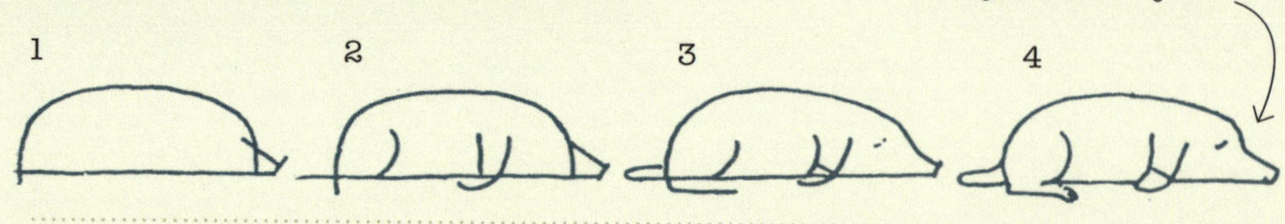

Schnurrhaare verleihen dem Tier Persönlichkeit

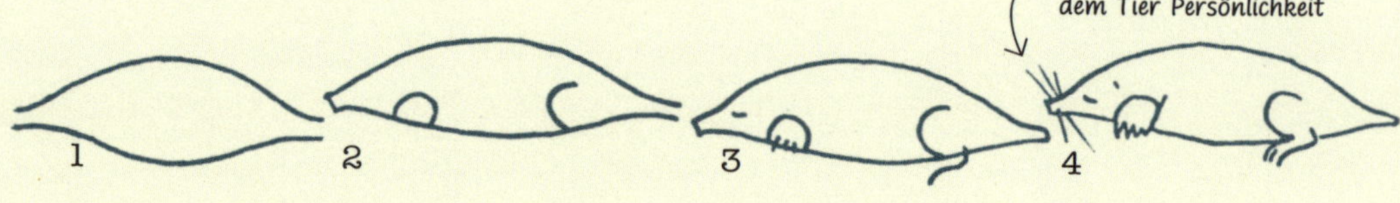

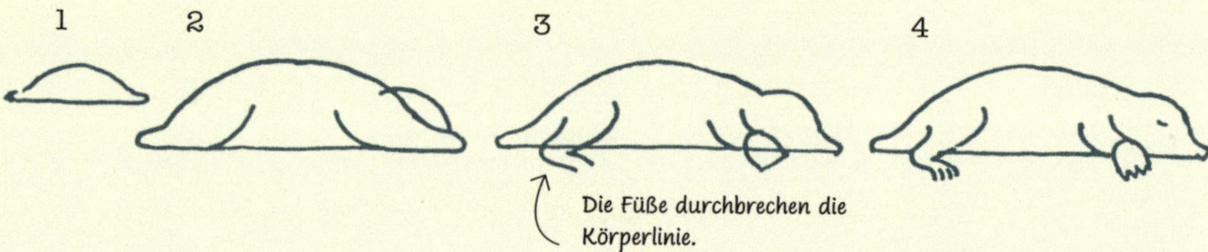

Die Füße durchbrechen die Körperlinie.

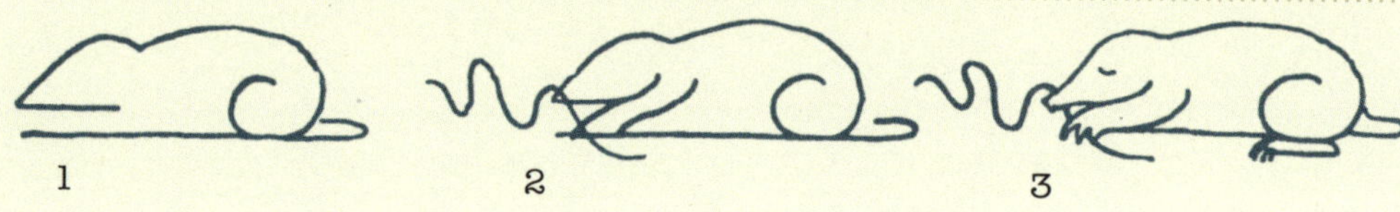

MAULWURFSHÜGEL

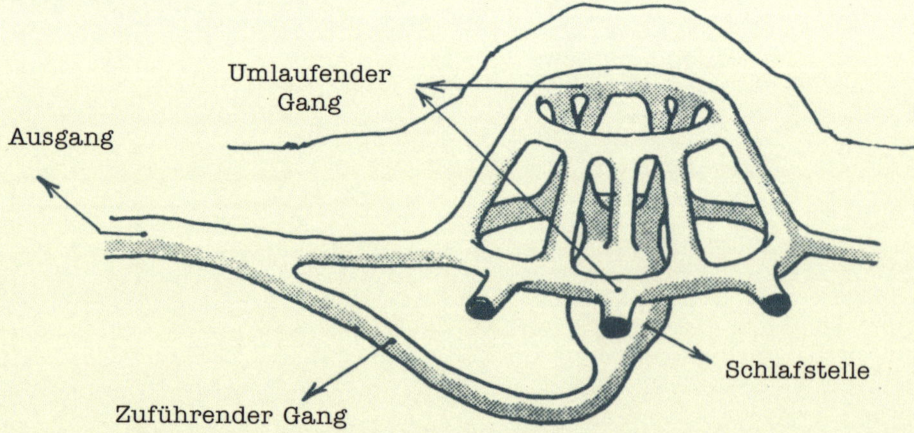

Jetzt bist du dran!

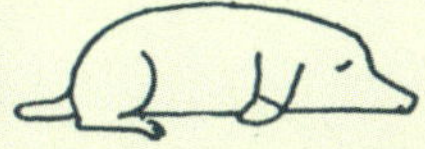

MURMELTIERE

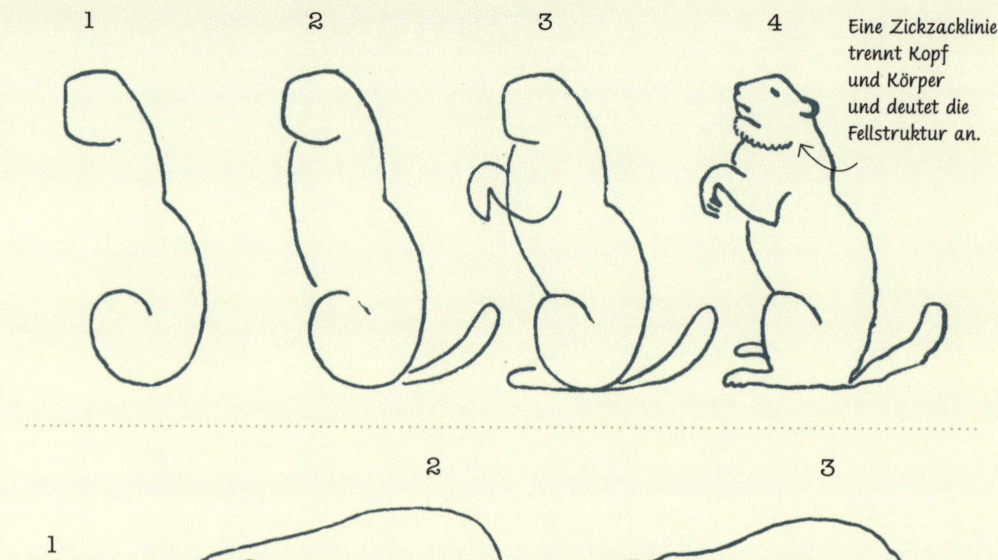

MUNGO

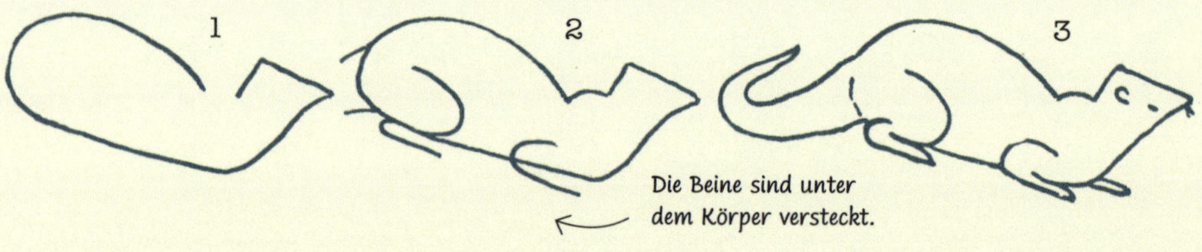

BIBER

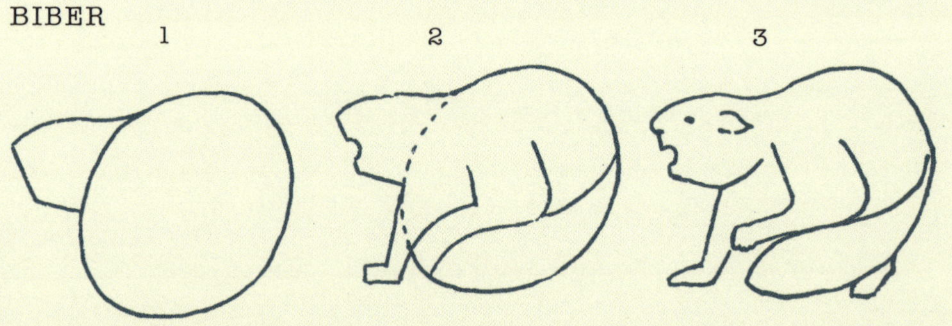

Jetzt bist du dran!

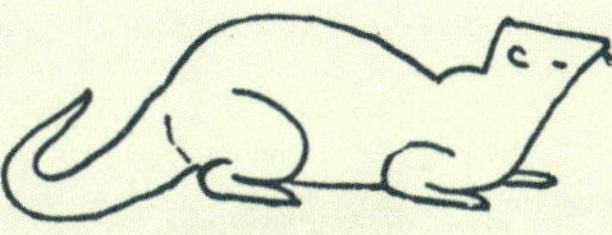

NOCH MEHR BIBER

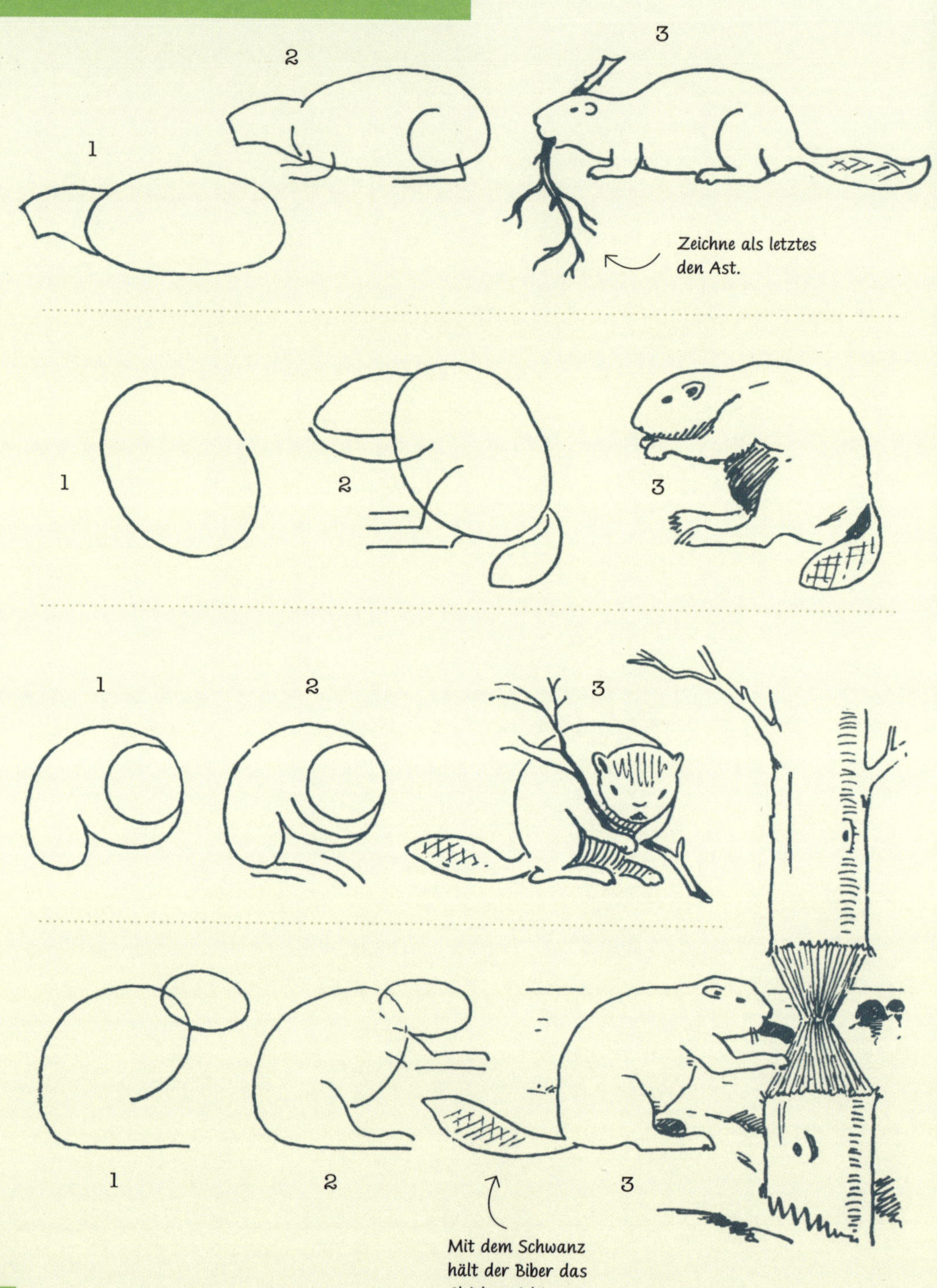

Jetzt bist du dran!

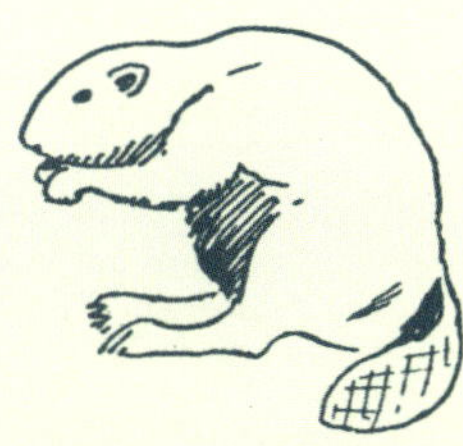

EICHHÖRNCHEN

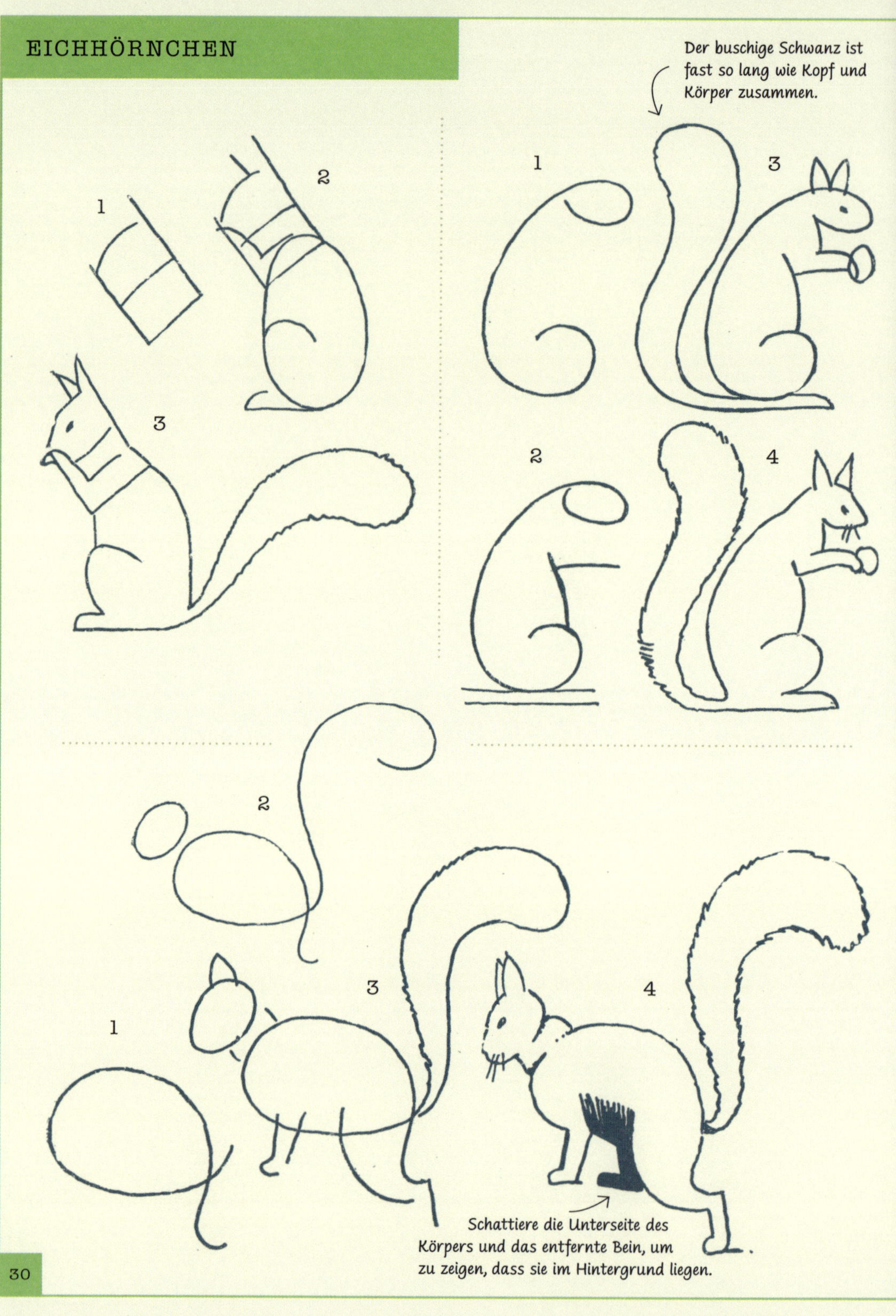

Jetzt bist du dran!

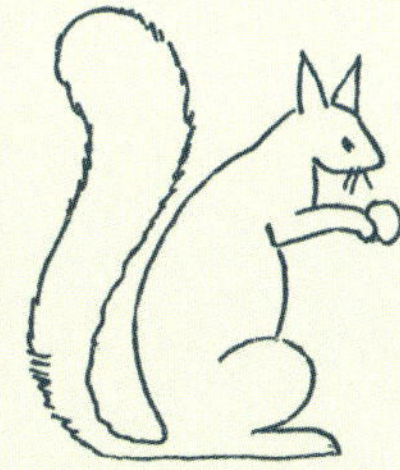

WIESEL & CO.

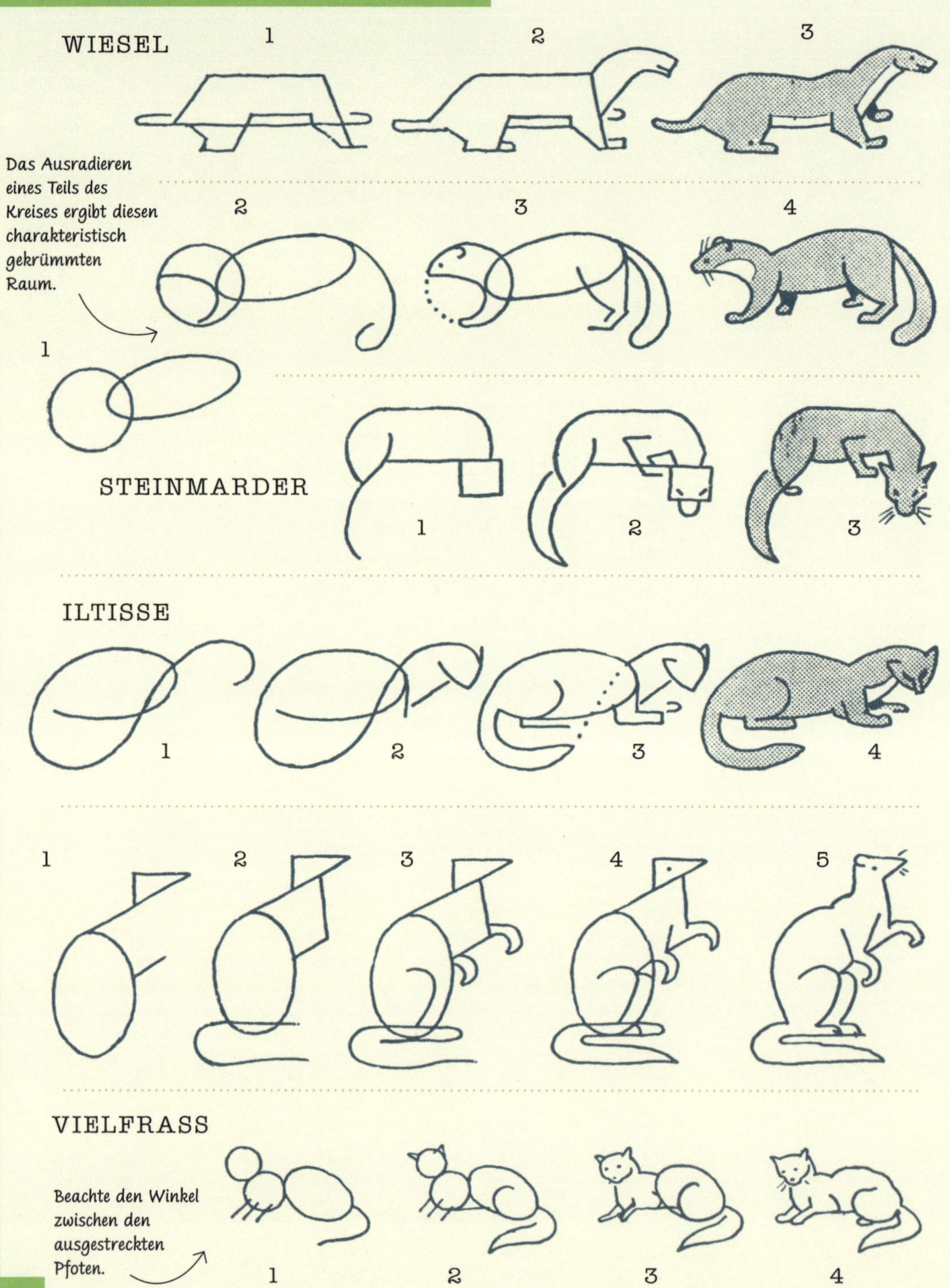
WIESEL
1
2
3
Das Ausradieren eines Teils des Kreises ergibt diesen charakteristisch gekrümmten Raum.
2
3
4
1
STEINMARDER
1
2
3
ILTISSE
1
2
3
4
1
2
3
4
5
VIELFRASS
Beachte den Winkel zwischen den ausgestreckten Pfoten.
1
2
3
4

Jetzt bist du dran!

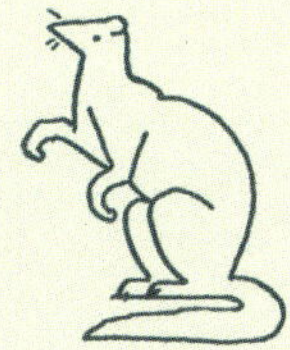

HERMELINE

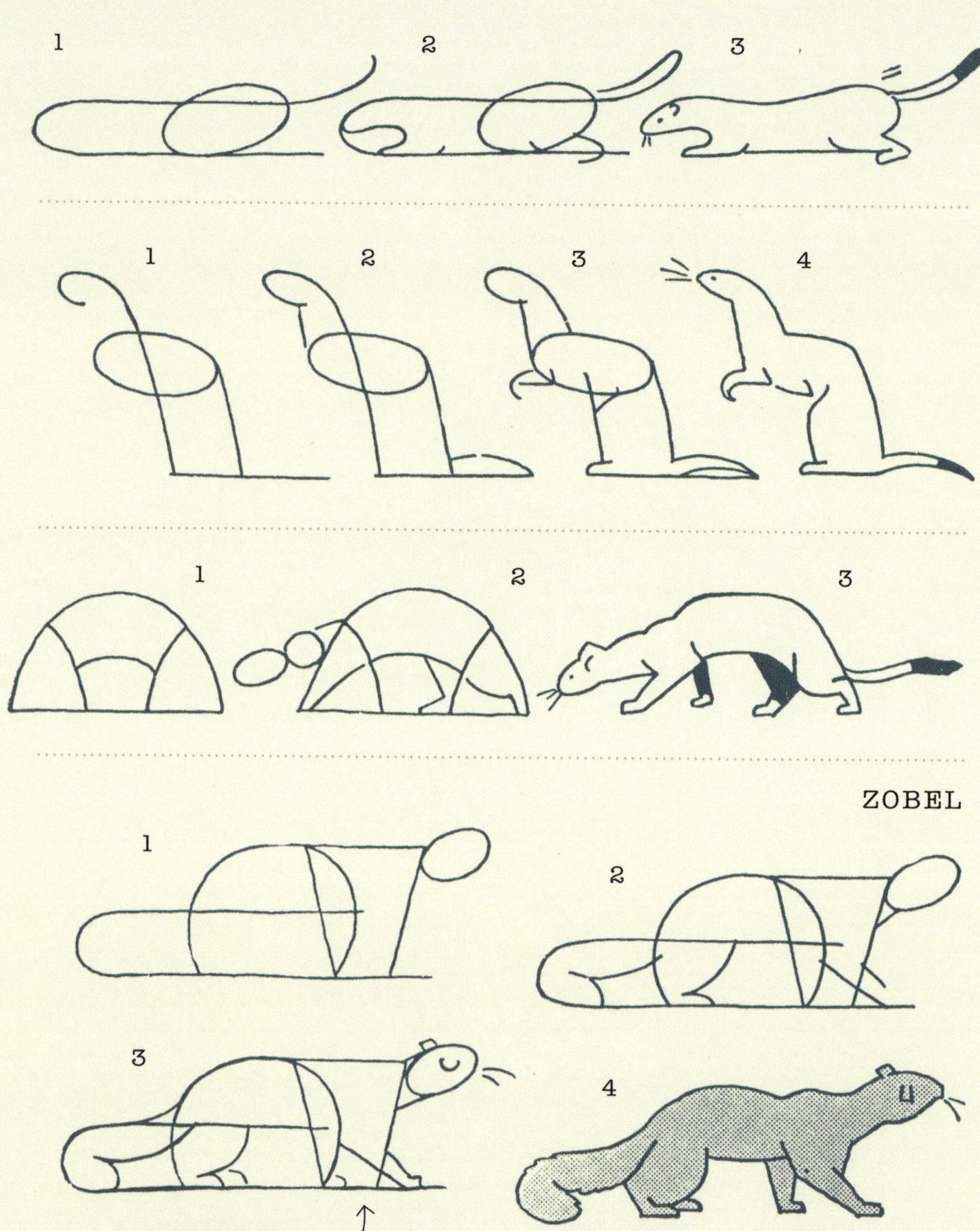

Unterteilungen der ursprünglichen Grundformen bilden die einzelnen Gliedmaßen.

Jetzt bist du dran!

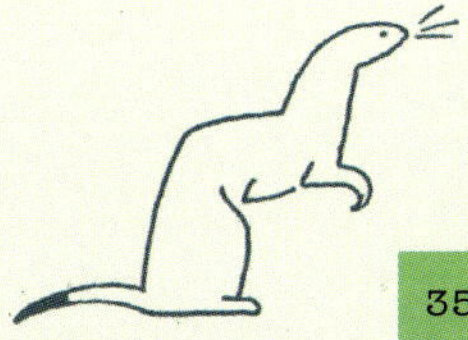

WIE KLEINE FLEISCHFRESSER HÜHNEREIER AUFPICKEN

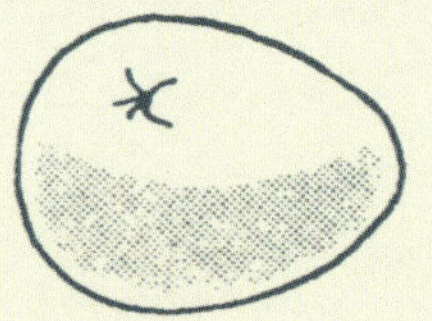
Das Hermelin macht ein kleines Loch.

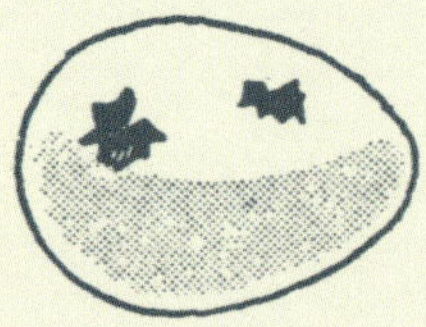
Das Wiesel macht mehrere Löcher.

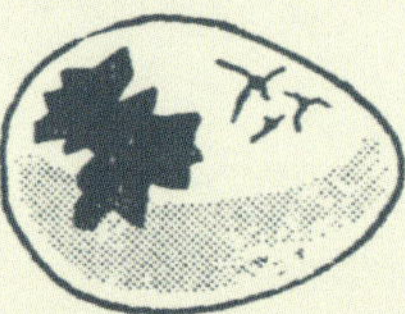
Der Steinmarder macht ein größeres Loch.

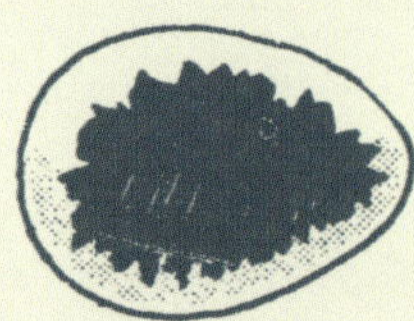
Der Iltis macht ein großes Loch.

EIFORMEN

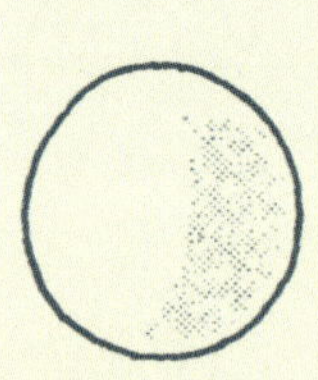
Sphärisch

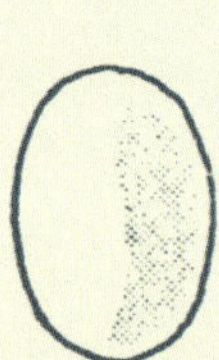
Oval

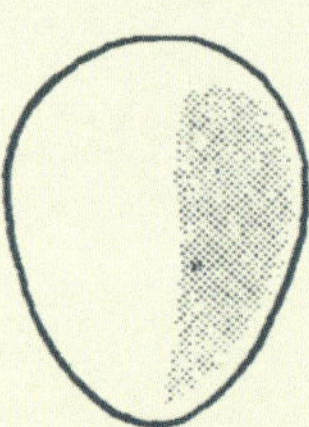
Regelmäßig

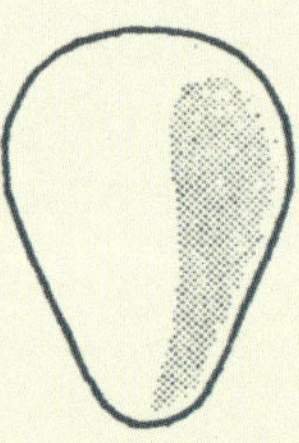
Konisch

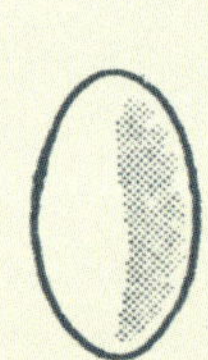
Elliptisch

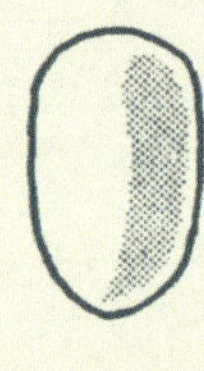
Zylindrisch

GROSSE UND KLEINE EIER

Nach unseren Berechnungen ist ein Hühnerei 330 mal größer als ein Kolibri-Ei und 25 mal kleiner als ein Straußenei (das bis zu 1,5 Liter enthält).

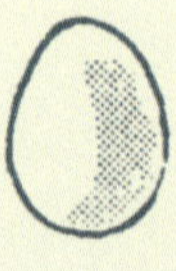
Hühnerei

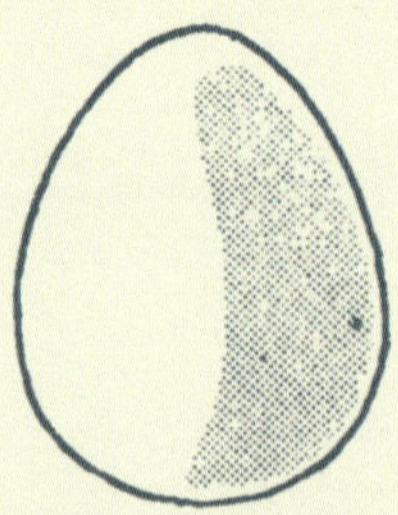
Straußenei

Jetzt bist du dran!

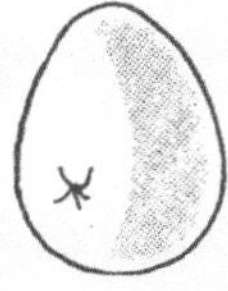

IGEL UND STACHELSCHWEINE

IGEL

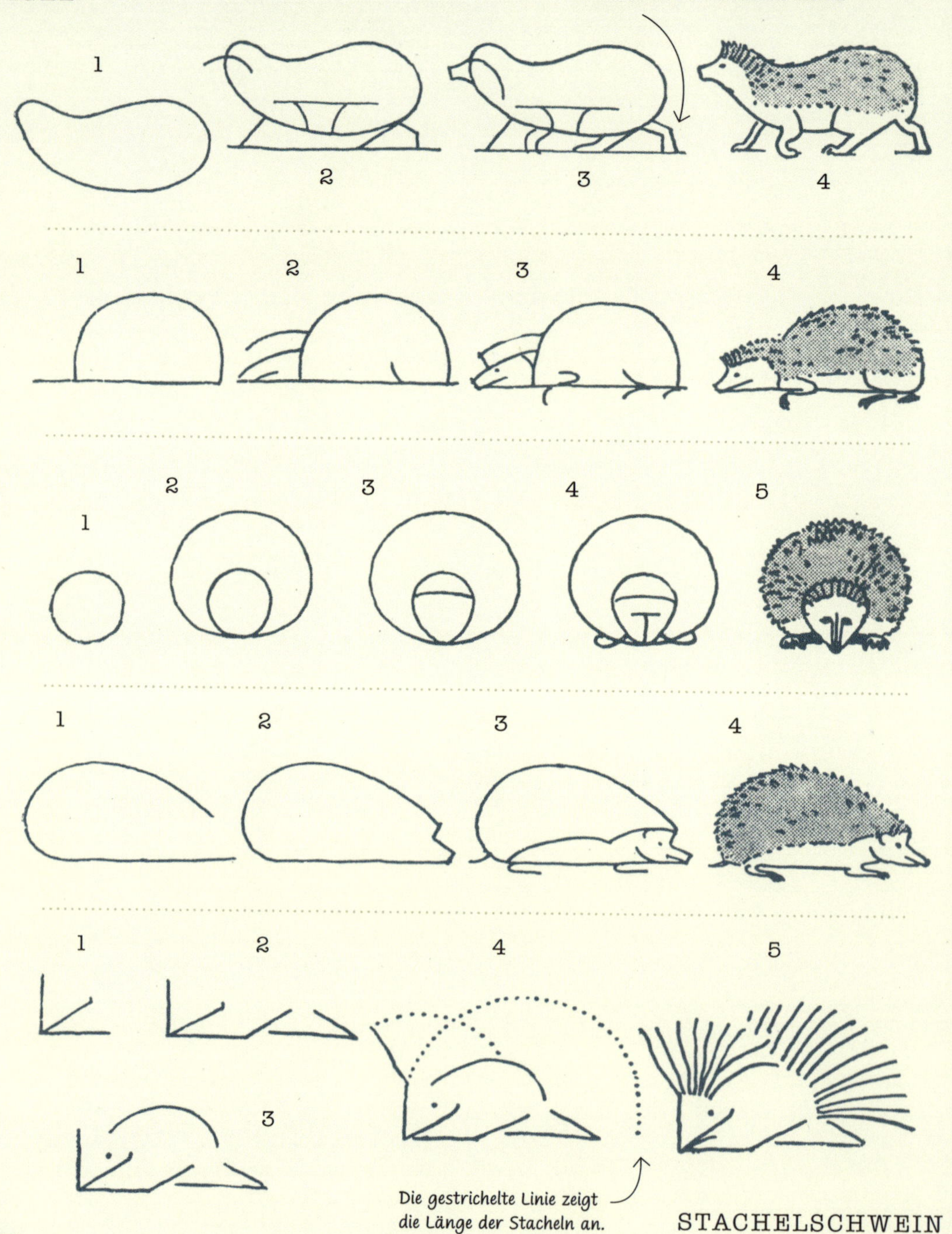

STACHELSCHWEIN

Jetzt bist du dran!

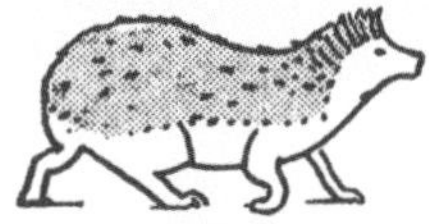

KANINCHEN

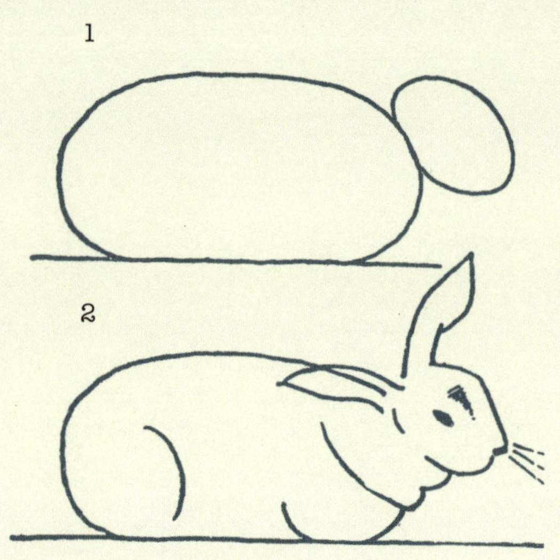

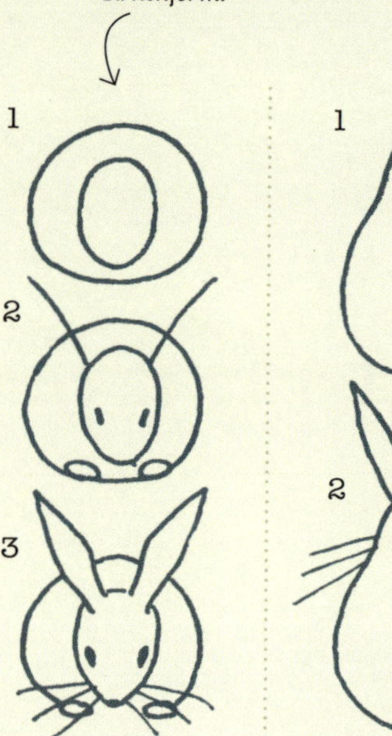

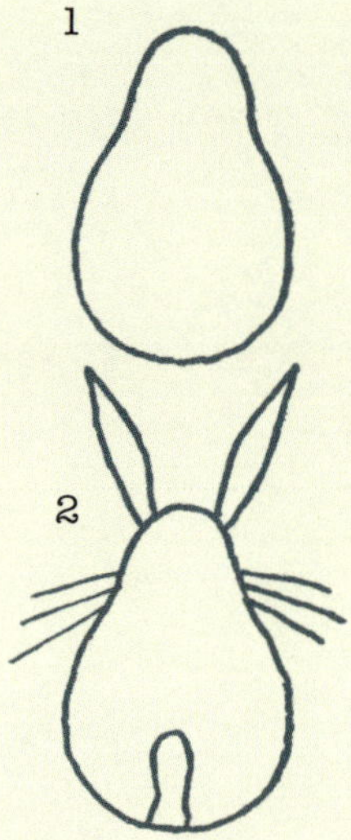

Von dieser Seite aus betrachtet überlappt der Kopf den Körper.

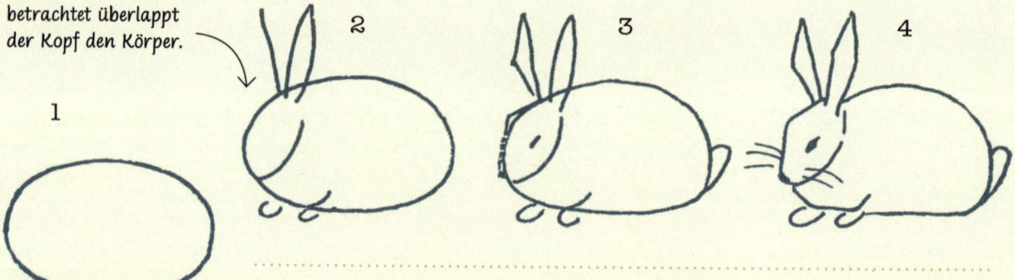

1 2 3 4

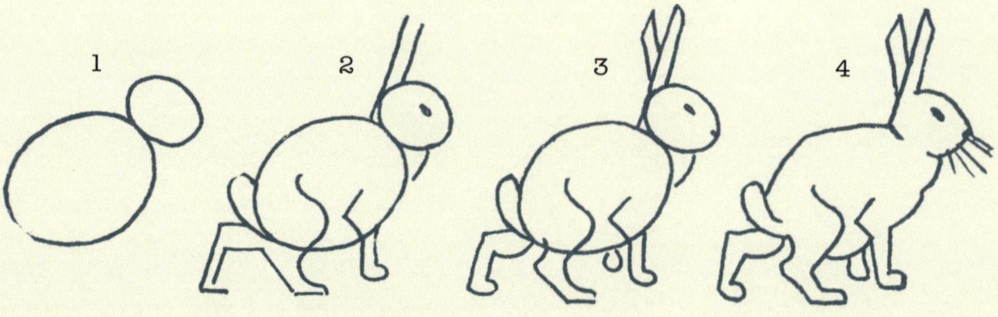

1 2 3 4

Jetzt bist du dran!

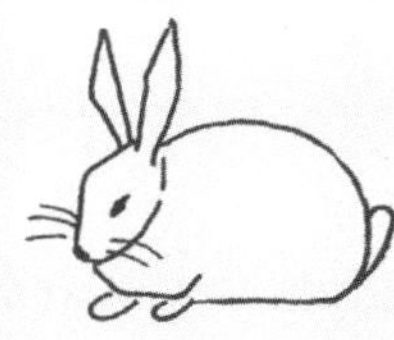

HASEN

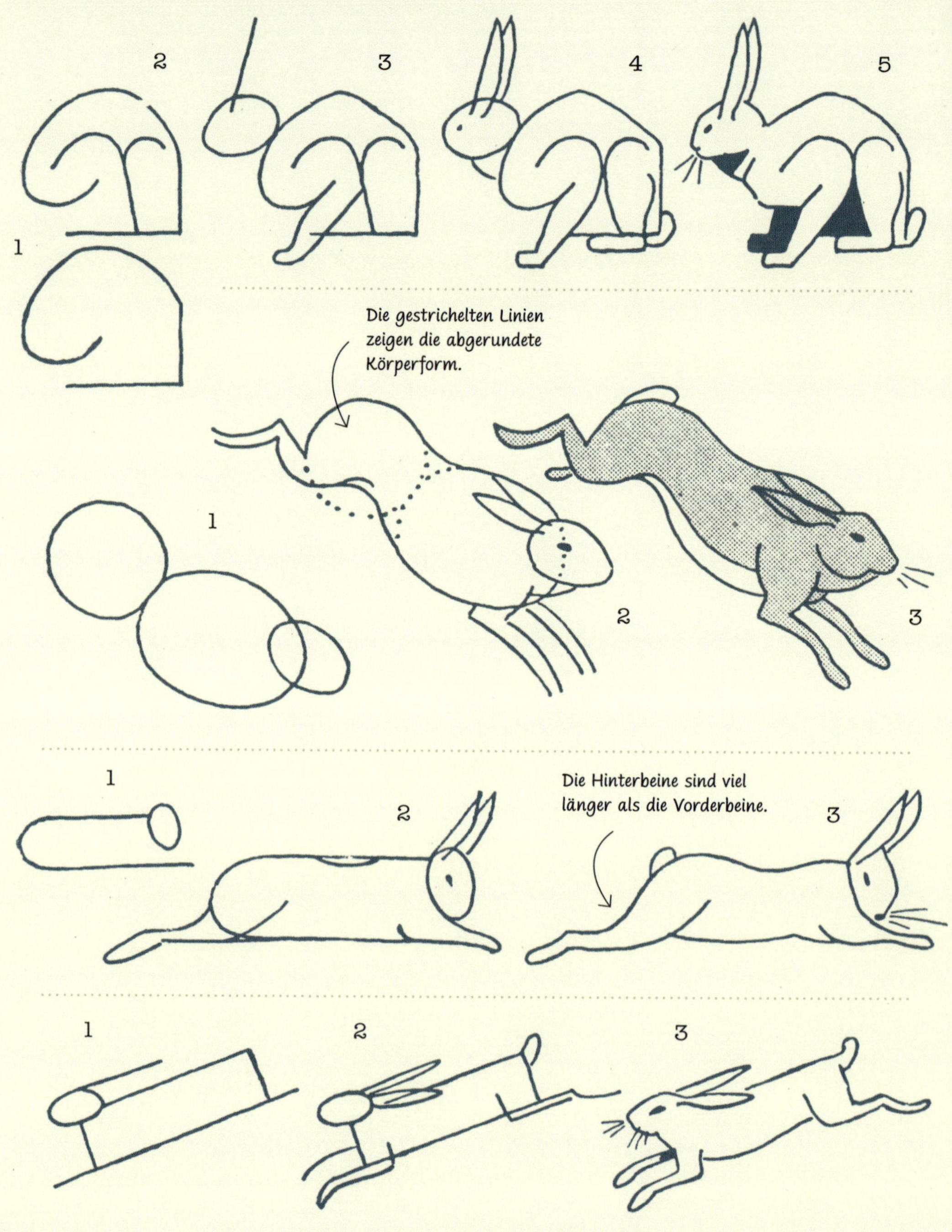
2
3
4
5
1
Die gestrichelten Linien zeigen die abgerundete Körperform.
1
2
3
1
2
Die Hinterbeine sind viel länger als die Vorderbeine.
3
1
2
3

Jetzt bist du dran!

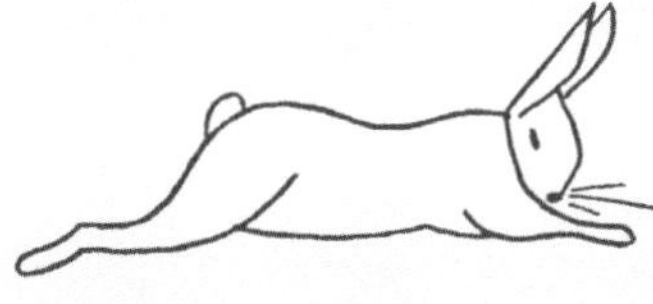

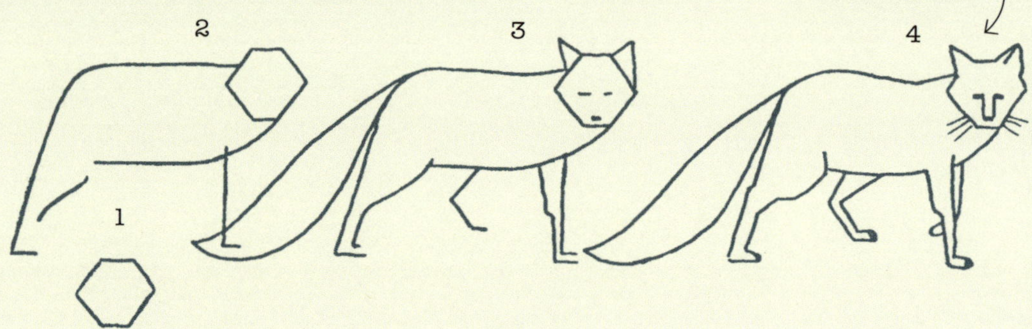
Um den Fuchskopf zu zeichnen, beginnt man mit einem Sechseck.
1
2
3
4

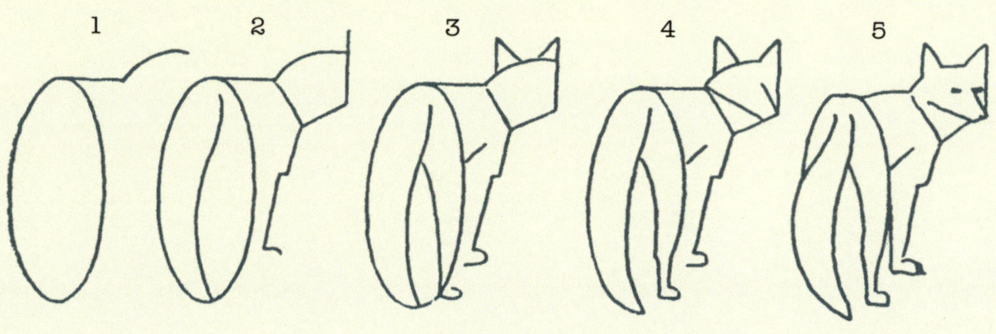
1
2
3
4
5

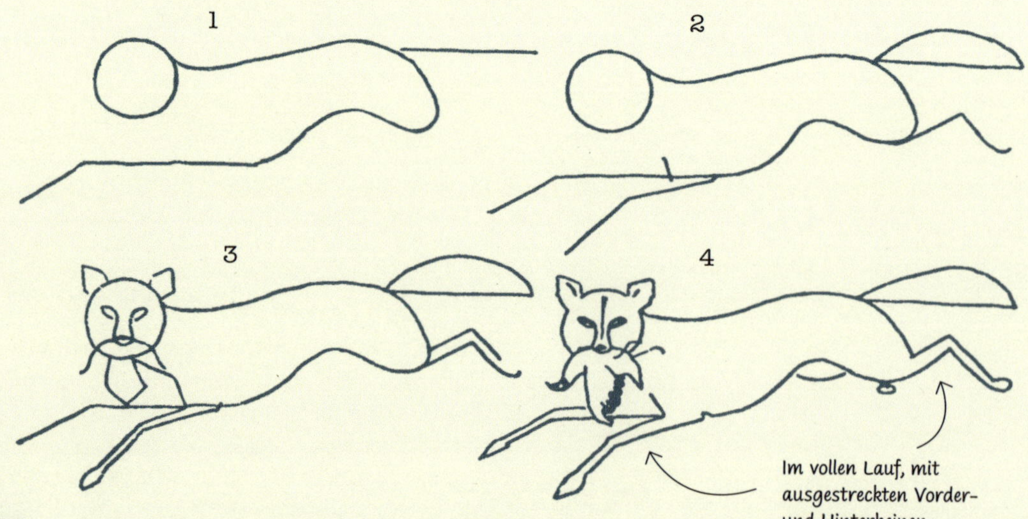
1
2
3
4
Im vollen Lauf, mit ausgestreckten Vorder- und Hinterbeinen.

Jetzt bist du dran!

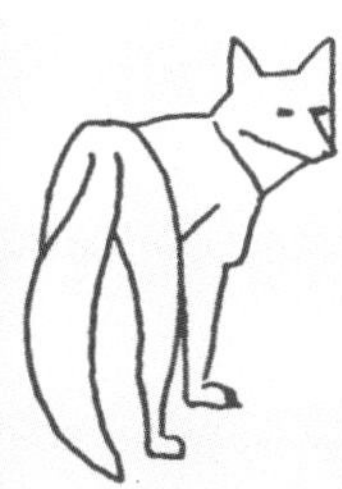

WÖLFE

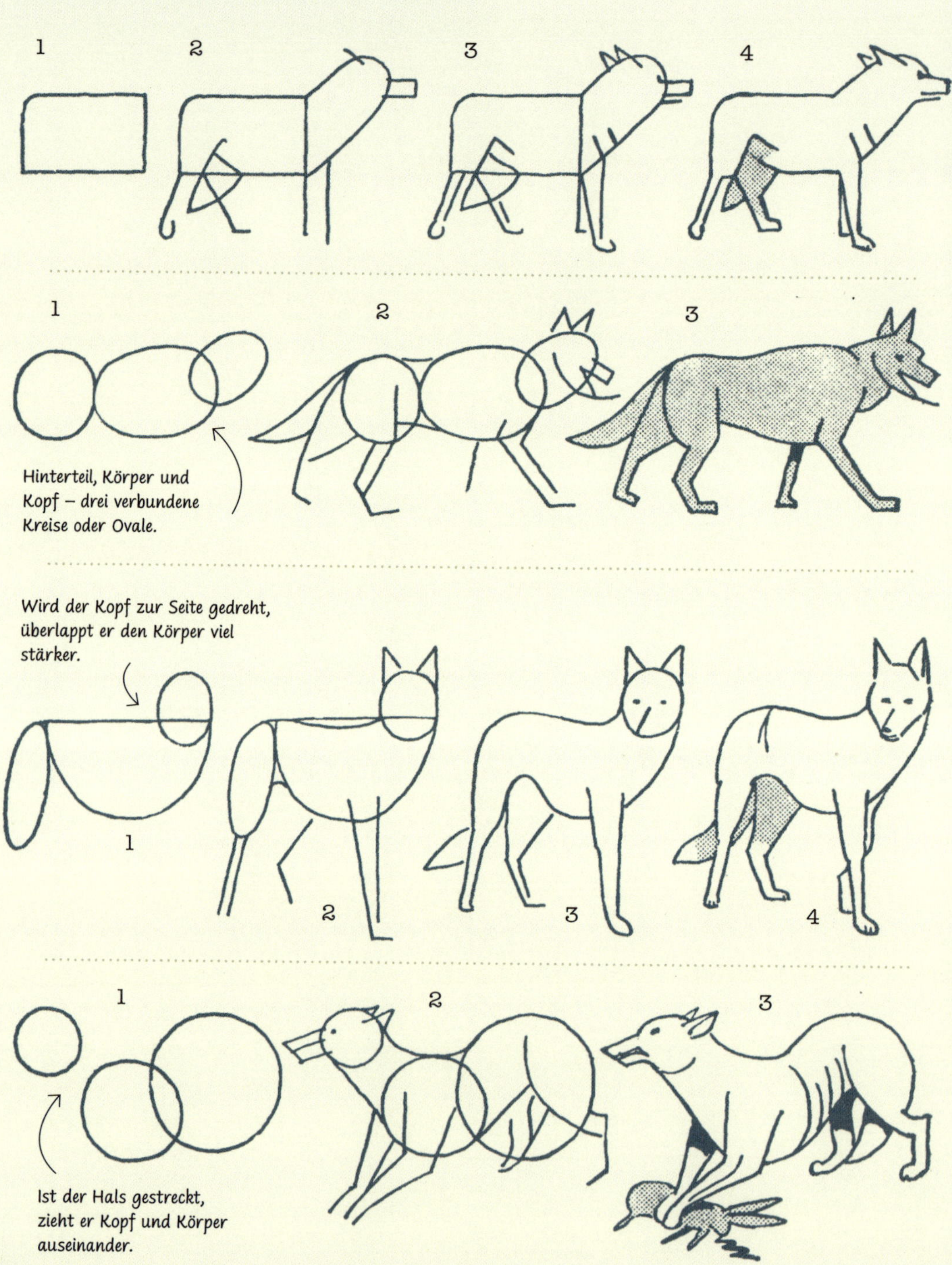

1
2
3
4
1
2
3
Hinterteil, Körper und Kopf – drei verbundene Kreise oder Ovale.
Wird der Kopf zur Seite gedreht, überlappt er den Körper viel stärker.
1
2
3
4
1
2
3
Ist der Hals gestreckt, zieht er Kopf und Körper auseinander.

Jetzt bist du dran!

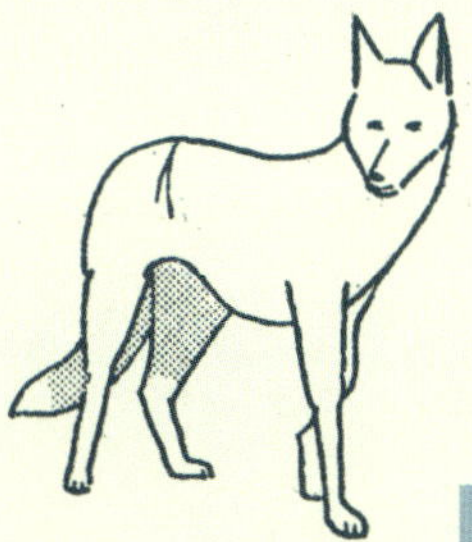

EISBÄREN

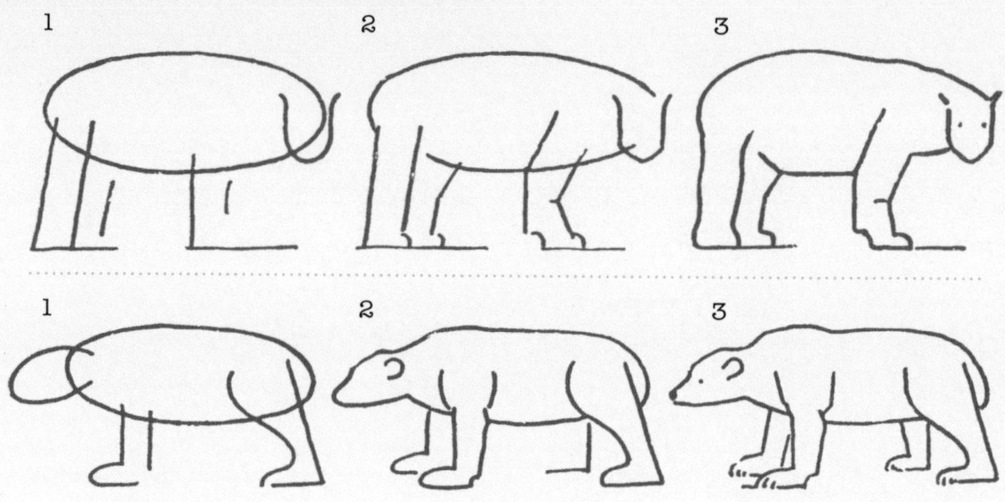

BRAUNBÄR

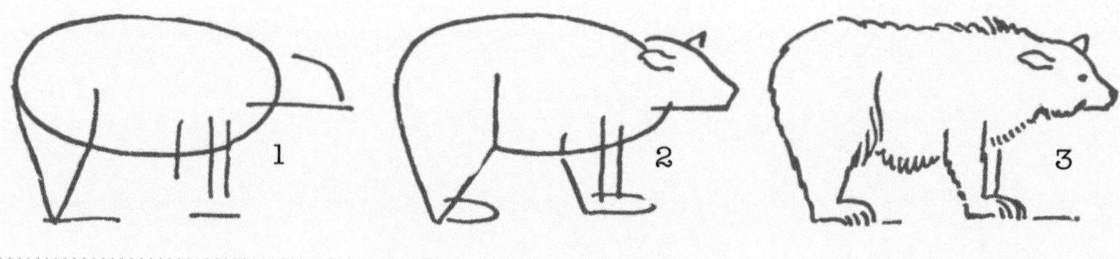

GRIZZLY

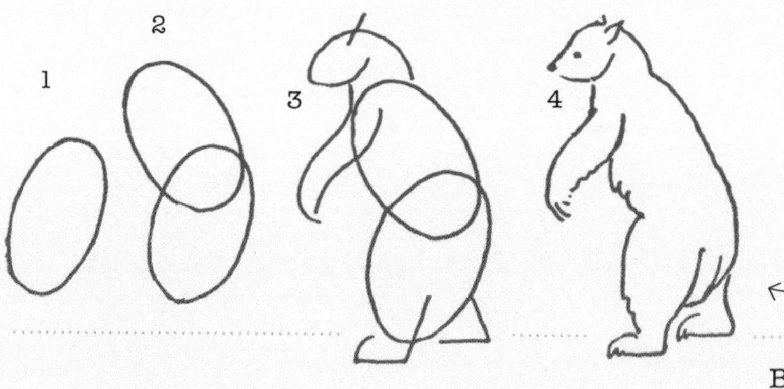

Der schwerfällige Gang und die breiten Füße zeugen von Gewicht und Volumen des Bären.

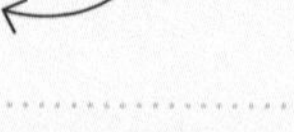

BÄRENJUNGES

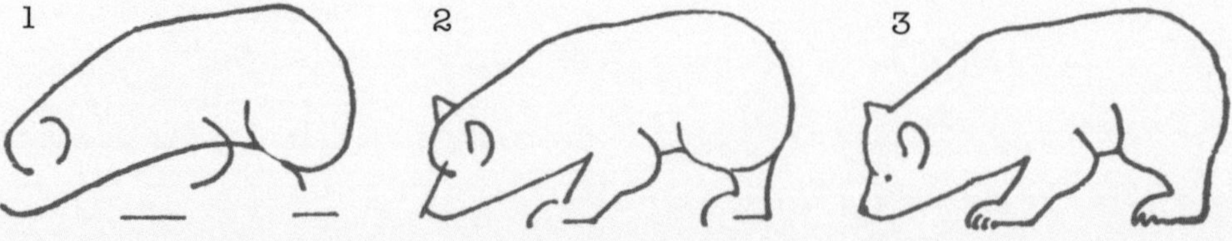

Jetzt bist du dran!

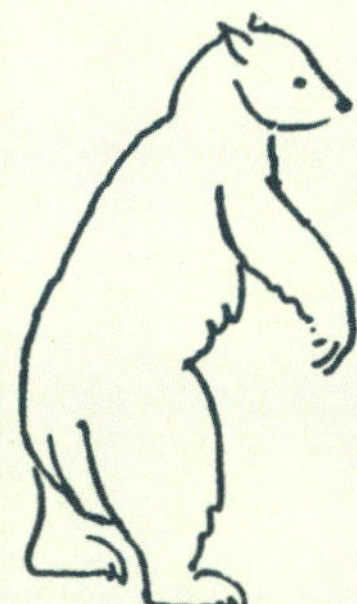

HIRSCH

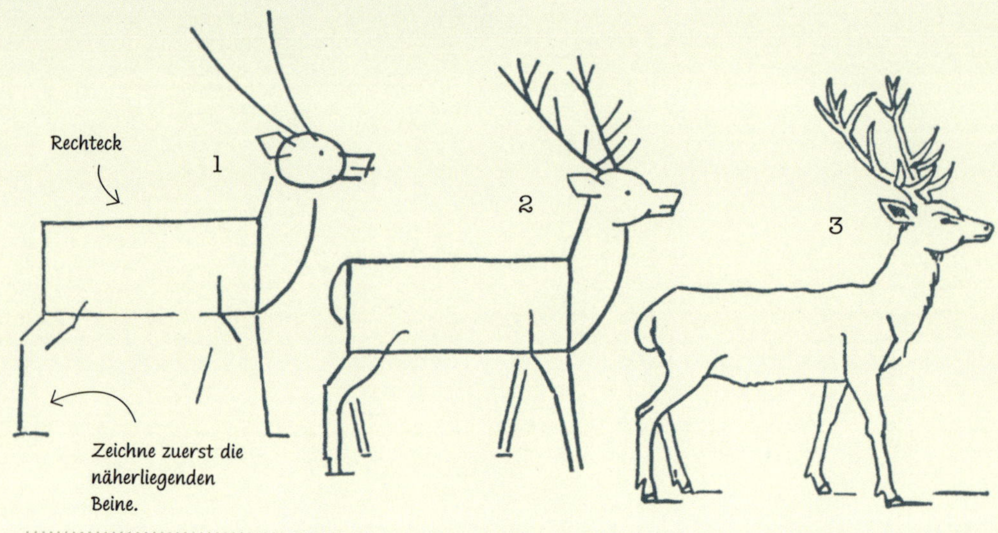

REHBOCK

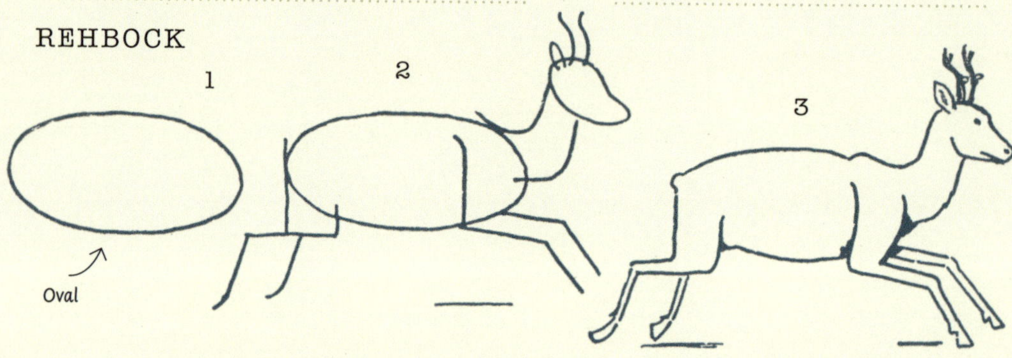

RENTIER

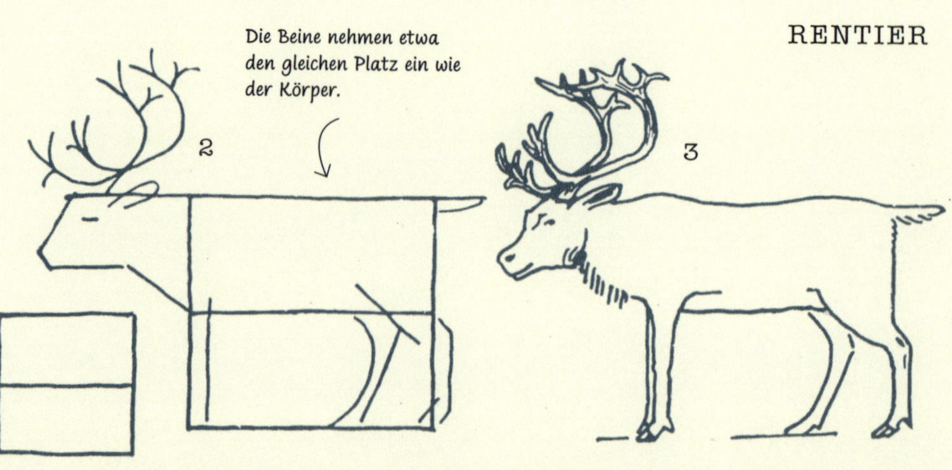

Jetzt bist du dran!

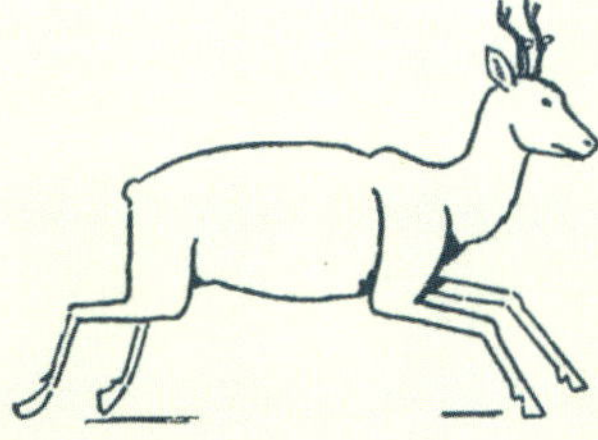

OTTER

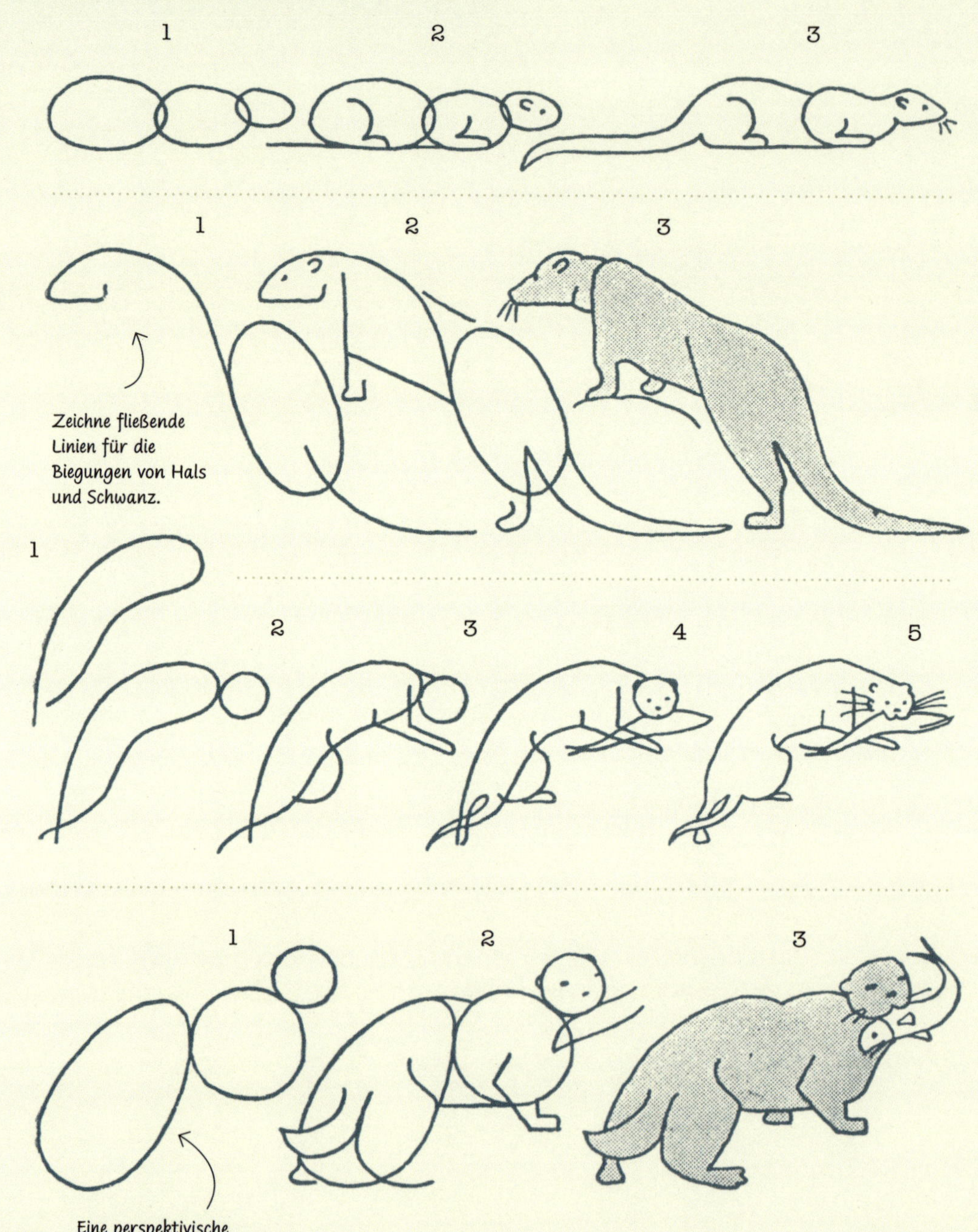
1
2
3
1
2
3
Zeichne fließende Linien für die Biegungen von Hals und Schwanz.
1
2
3
4
5
1
2
3
Eine perspektivische Ansicht – die Hinterhand ist im Verhältnis zum Rest des Körpers groß.

Jetzt bist du dran!

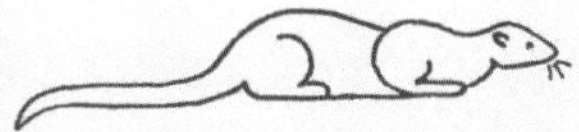

FRÖSCHE

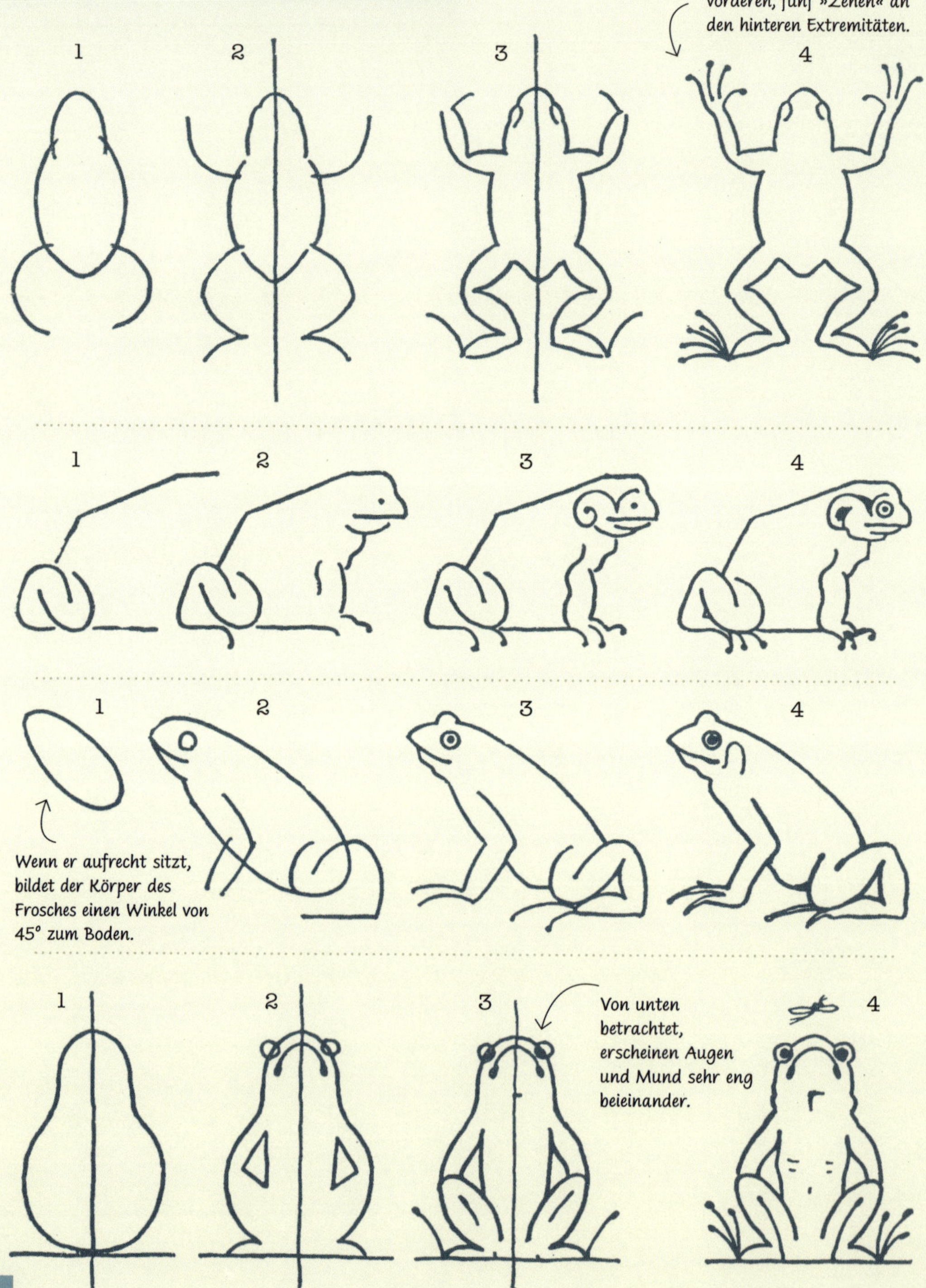
Vier »Finger« an den vorderen, fünf »Zehen« an den hinteren Extremitäten.
1
2
3
4
1
2
3
4
1
2
3
4
Wenn er aufrecht sitzt, bildet der Körper des Frosches einen Winkel von 45° zum Boden.
1
2
3
4
Von unten betrachtet, erscheinen Augen und Mund sehr eng beieinander.

Jetzt bist du dran!

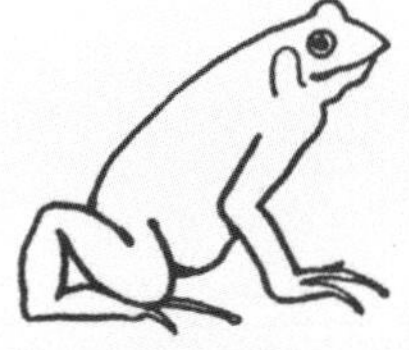

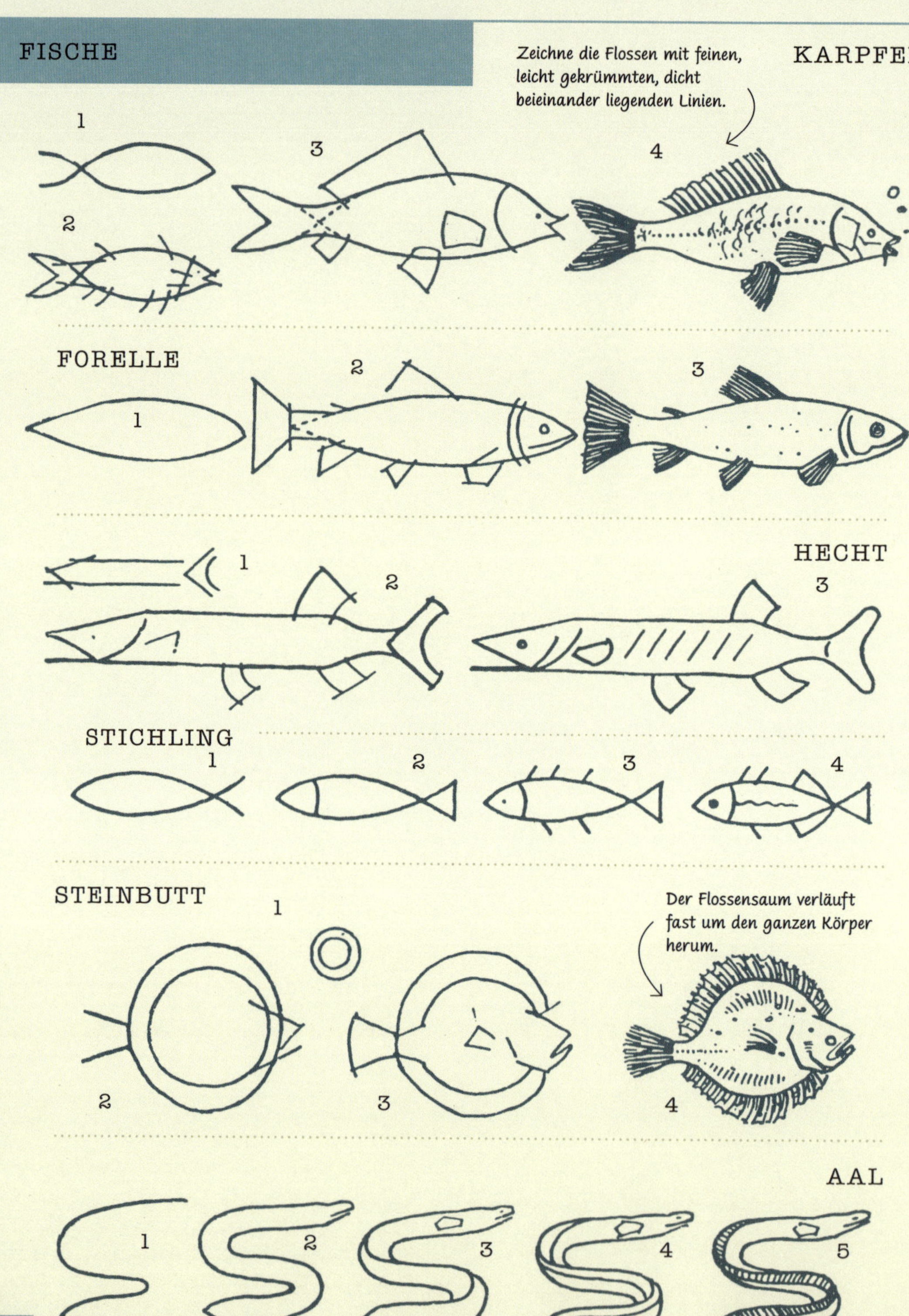
FISCHE
KARPFEN
Zeichne die Flossen mit feinen, leicht gekrümmten, dicht beieinander liegenden Linien.
1
2
3
4
FORELLE
1
2
3
HECHT
1
2
3
STICHLING
1
2
3
4
STEINBUTT
1
Der Flossensaum verläuft fast um den ganzen Körper herum.
2
3
4
AAL
1
2
3
4
5

Jetzt bist du dran!

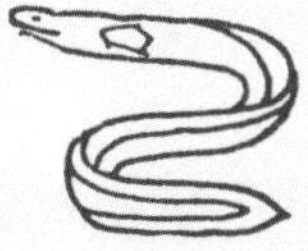

KÜHE

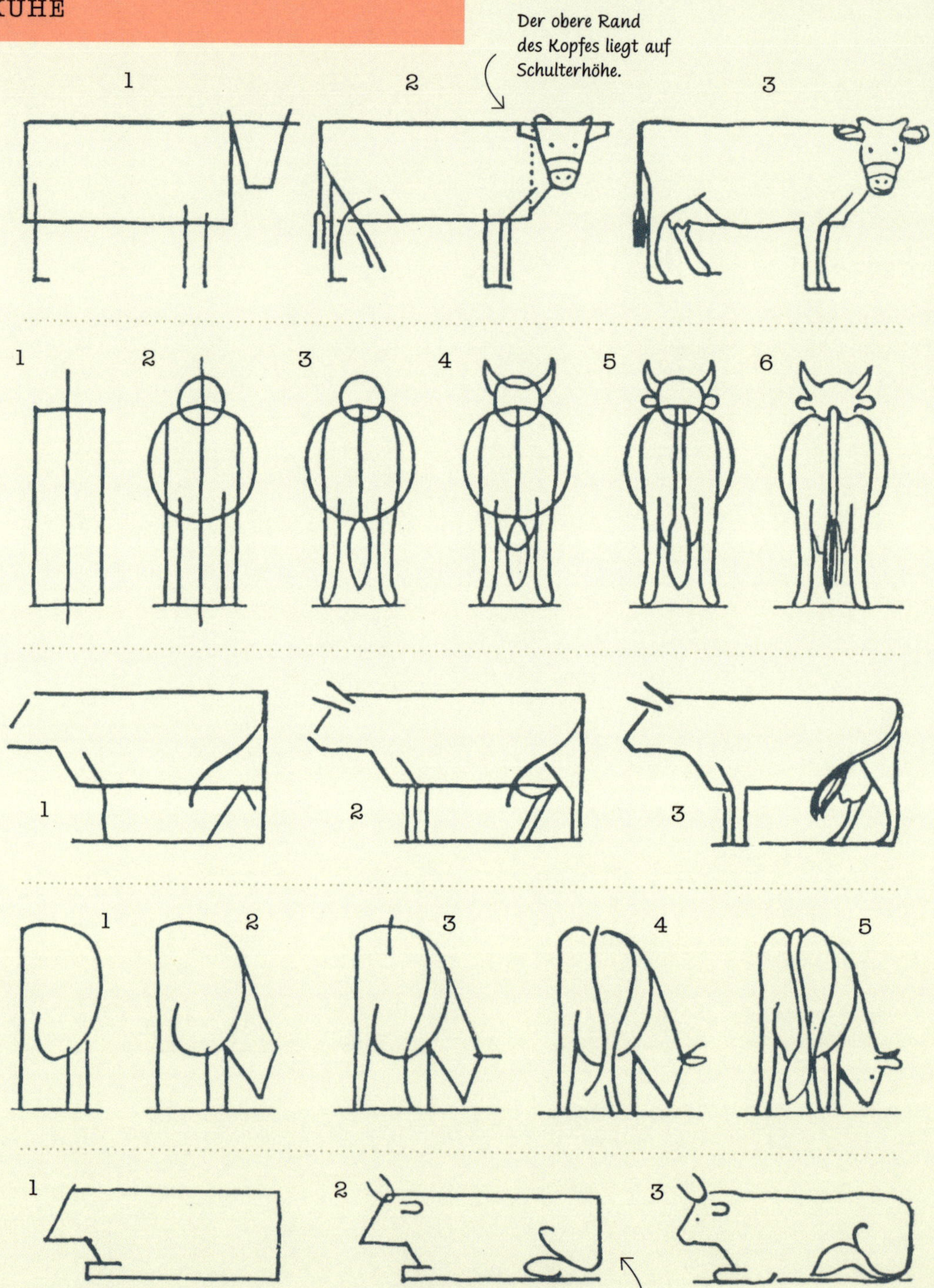
Der obere Rand
des Kopfes liegt auf
Schulterhöhe.
1
2
3
1
2
3
4
5
6
1
2
3
1
2
3
4
5
1
2
3
Geschwungene Linien
zeigen die Keule und das
Hinterbein an.

Jetzt bist du dran!

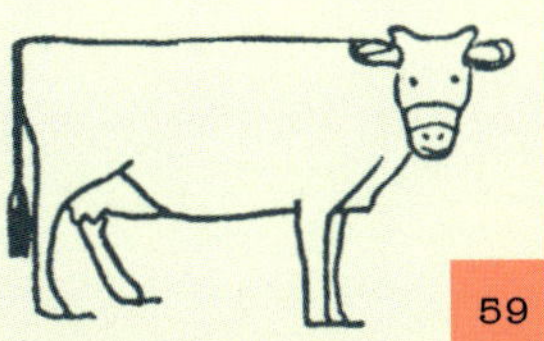

SCHAFE UND ZIEGEN

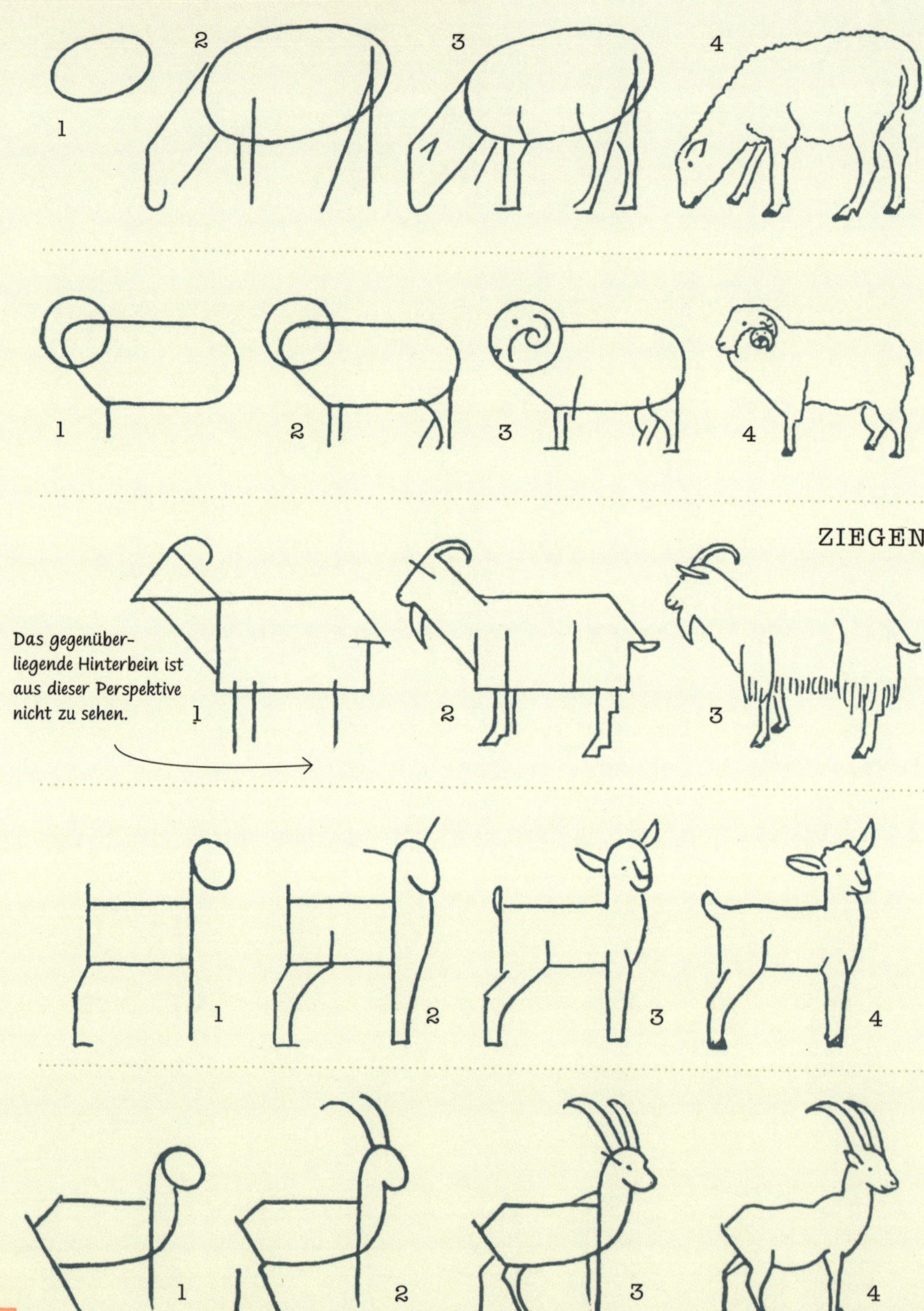

Jetzt bist du dran!

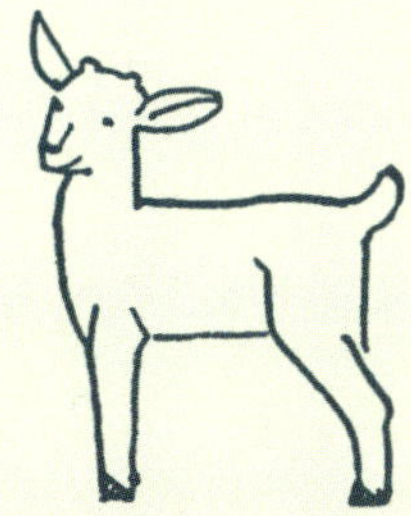

PFERDE

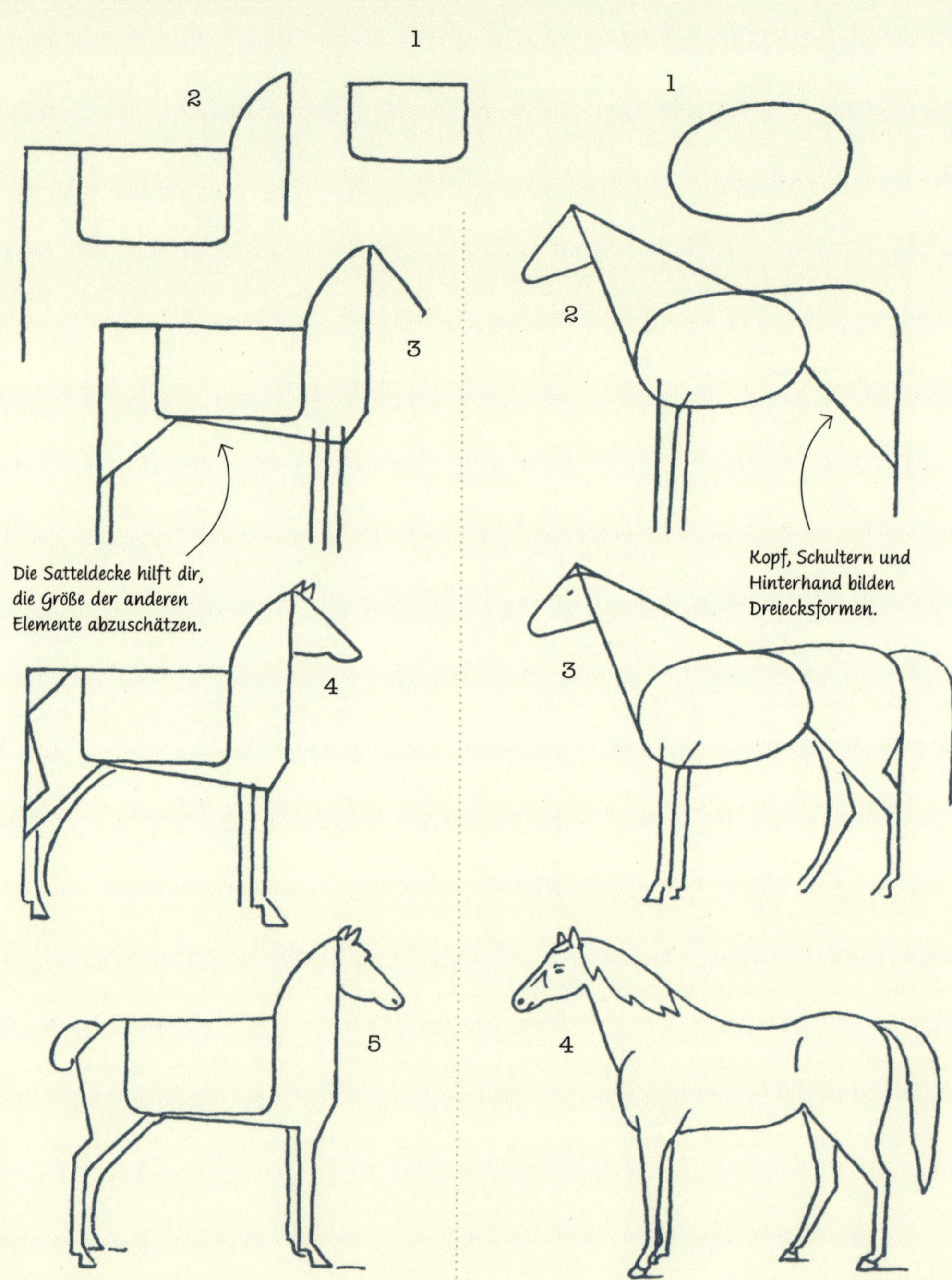

1
2
3
Die Satteldecke hilft dir, die Größe der anderen Elemente abzuschätzen.
4
5
1
2
Kopf, Schultern und Hinterhand bilden Dreiecksformen.
3
4

Jetzt bist du dran!

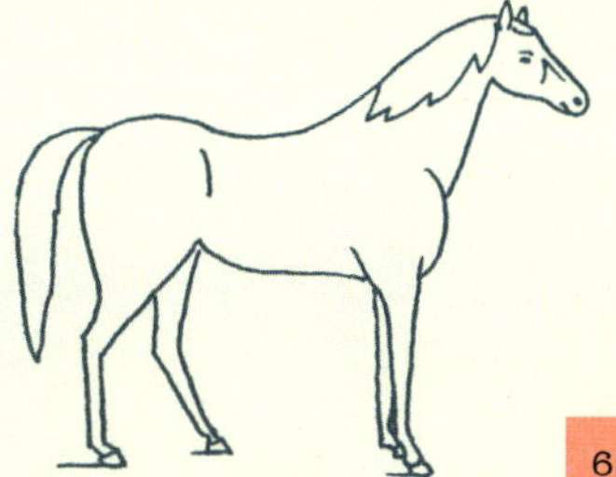

NOCH MEHR PFERDE

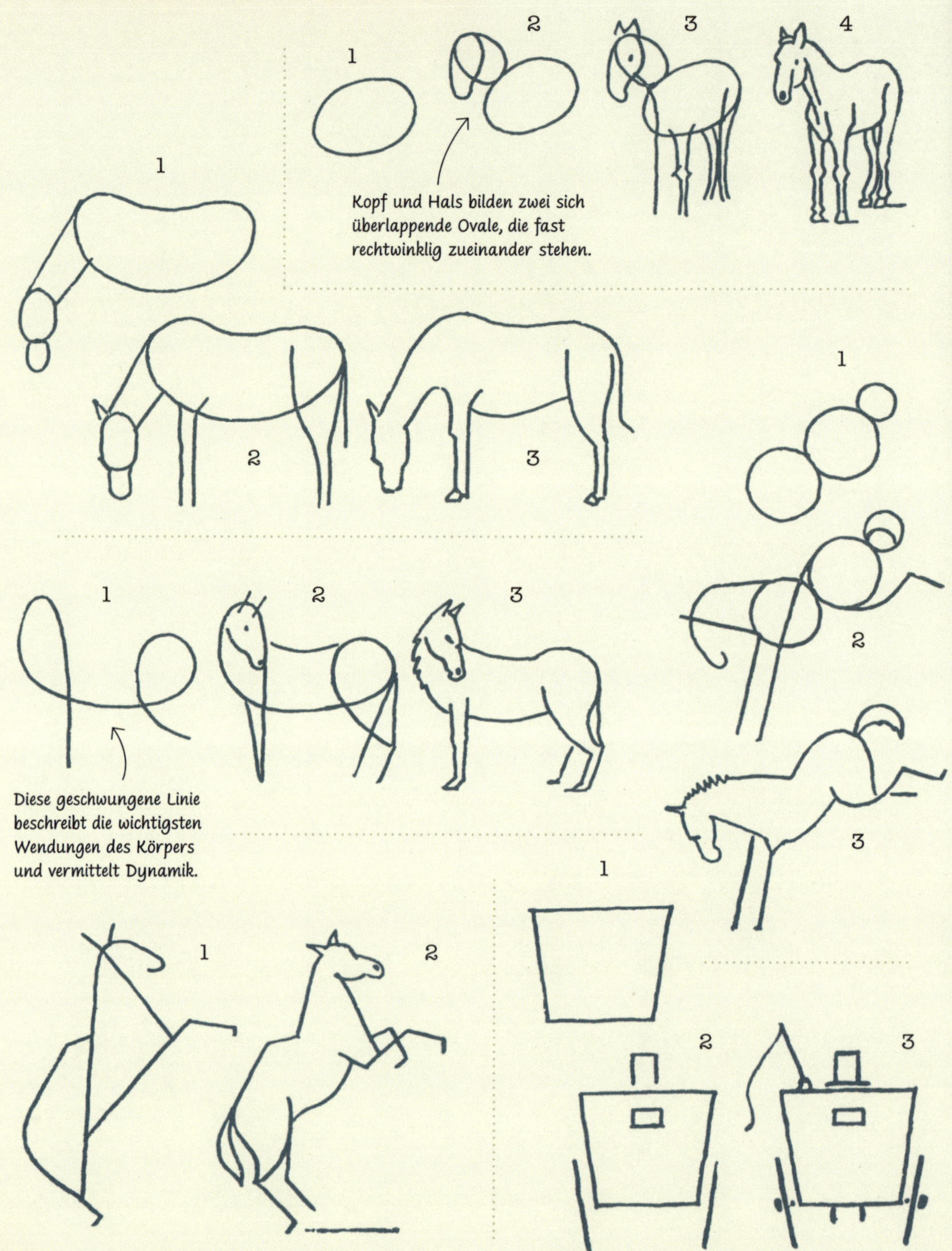

Jetzt bist du dran!

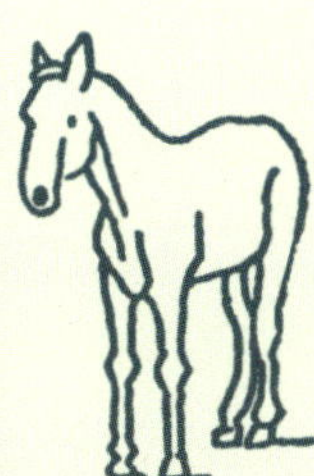

ESEL

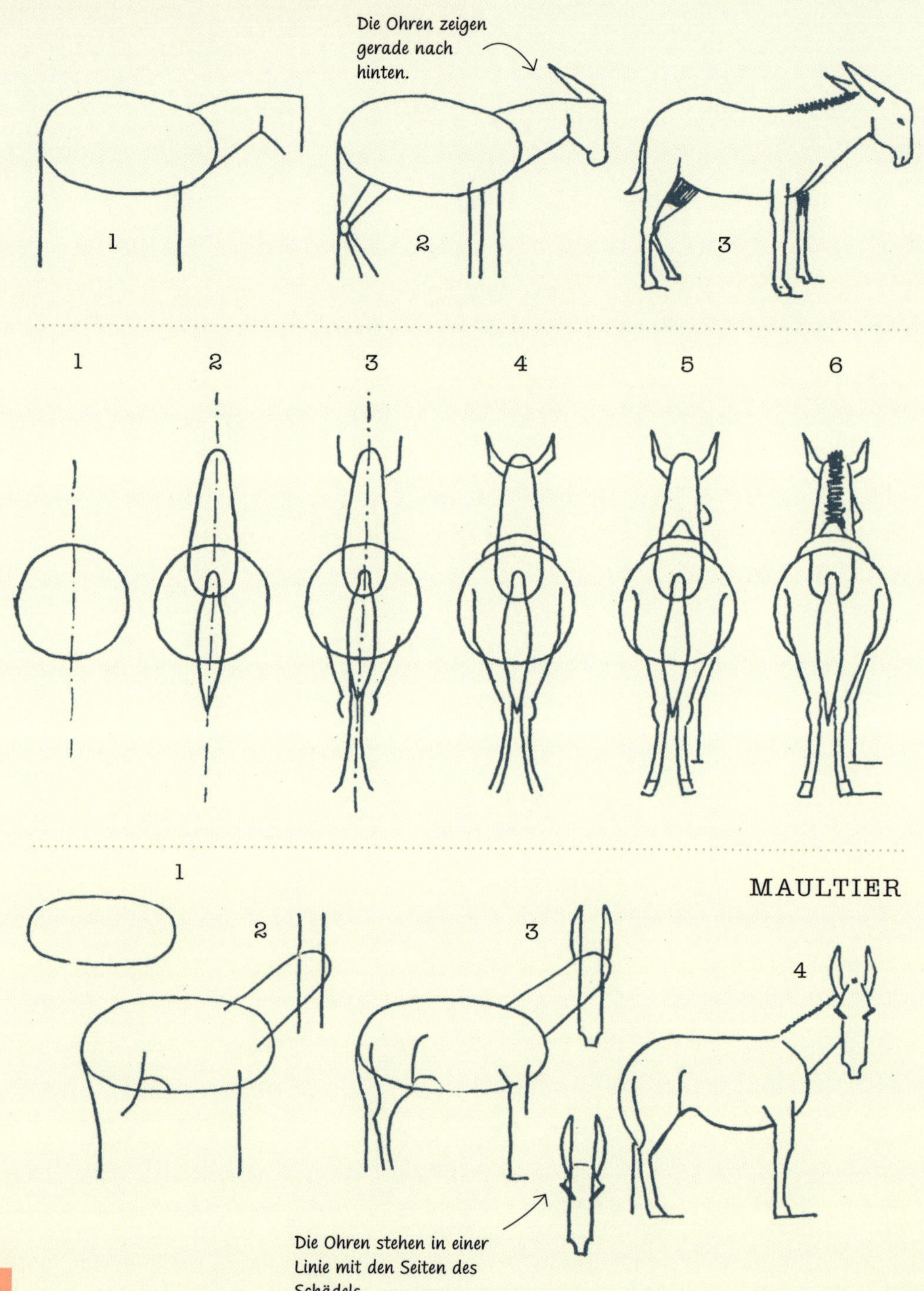

Die Ohren zeigen gerade nach hinten.
1
2
3
1
2
3
4
5
6
1
MAULTIER
2
3
4
Die Ohren stehen in einer Linie mit den Seiten des Schädels.

Jetzt bist du dran!

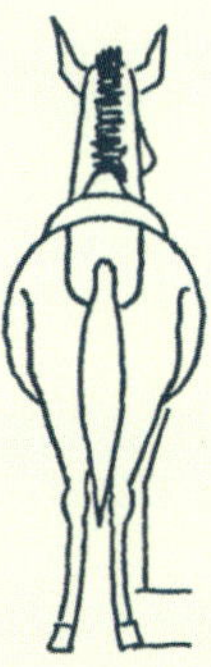

SCHWEINE UND EBER

SCHWEINE

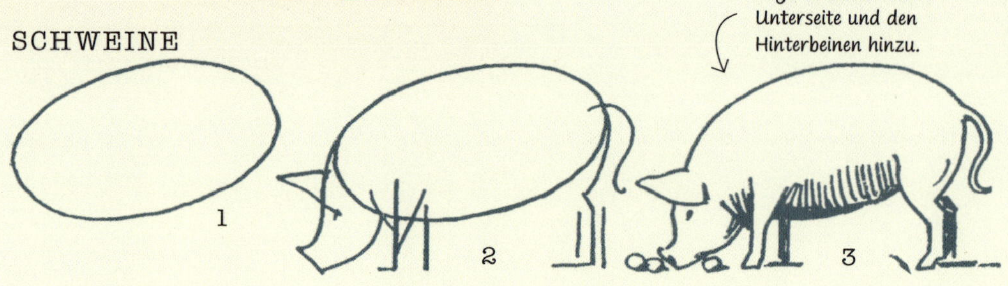

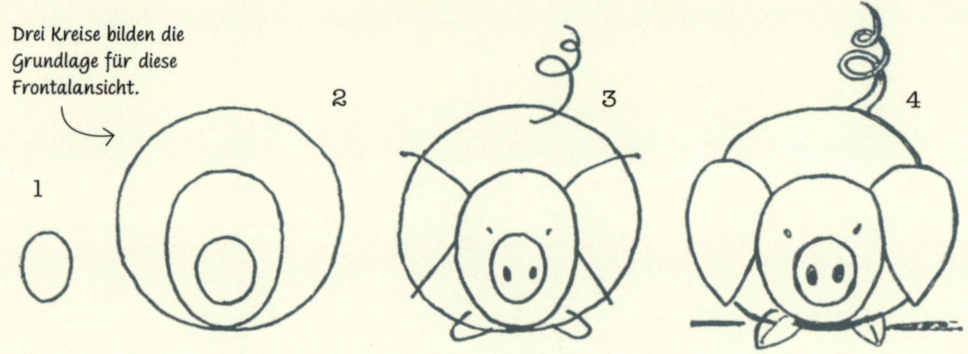

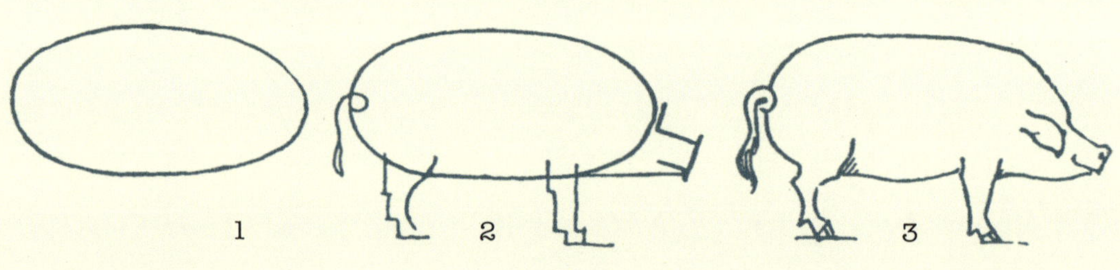

EBER

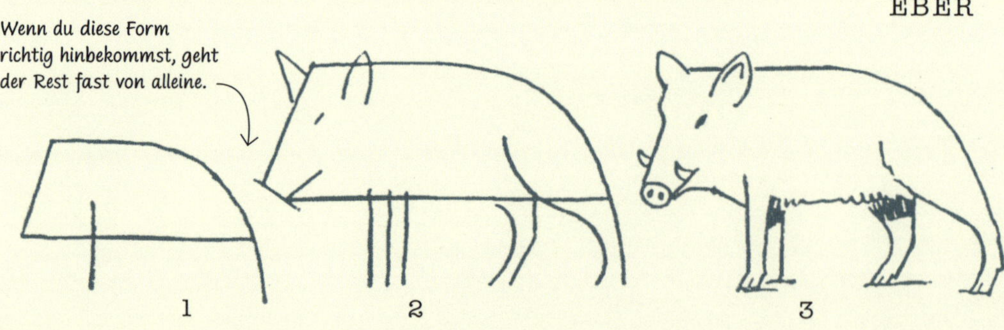

Jetzt bist du dran!

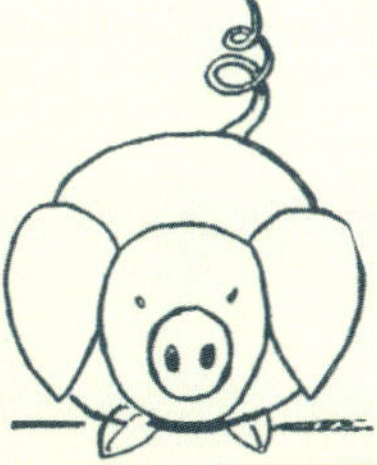

HÄHNE

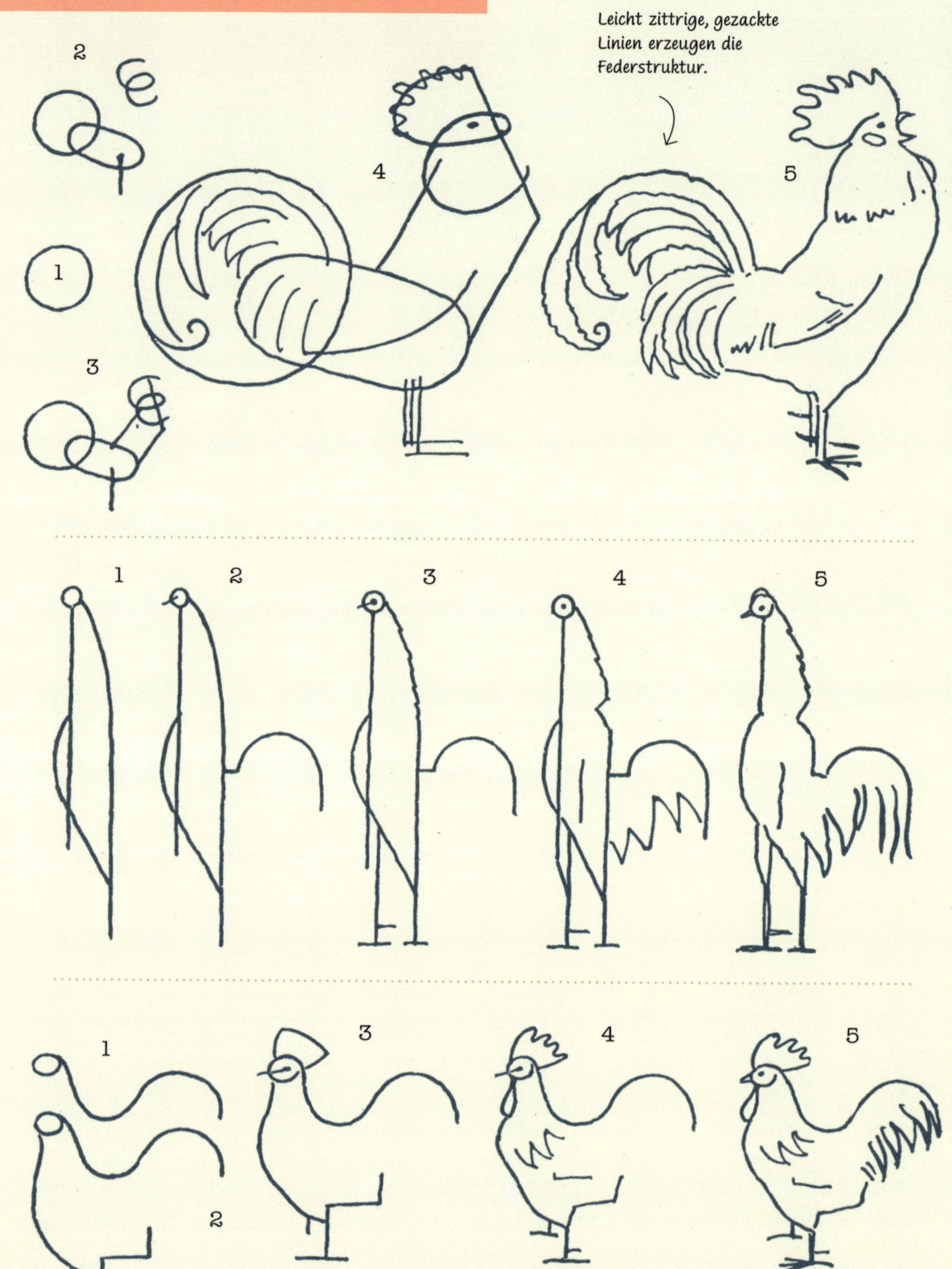

Leicht zittrige, gezackte Linien erzeugen die Federstruktur.
2
1
3
4
5
1
2
3
4
5
1
2
3
4
5

Jetzt bist du dran!

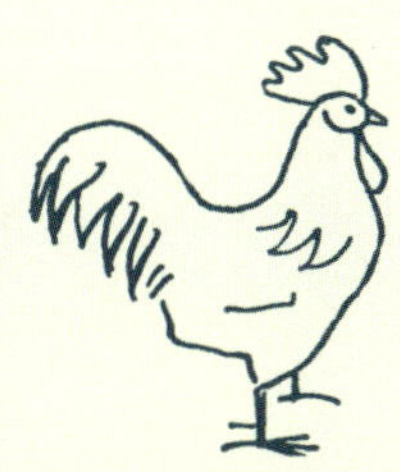

HÄHNE UND HENNEN

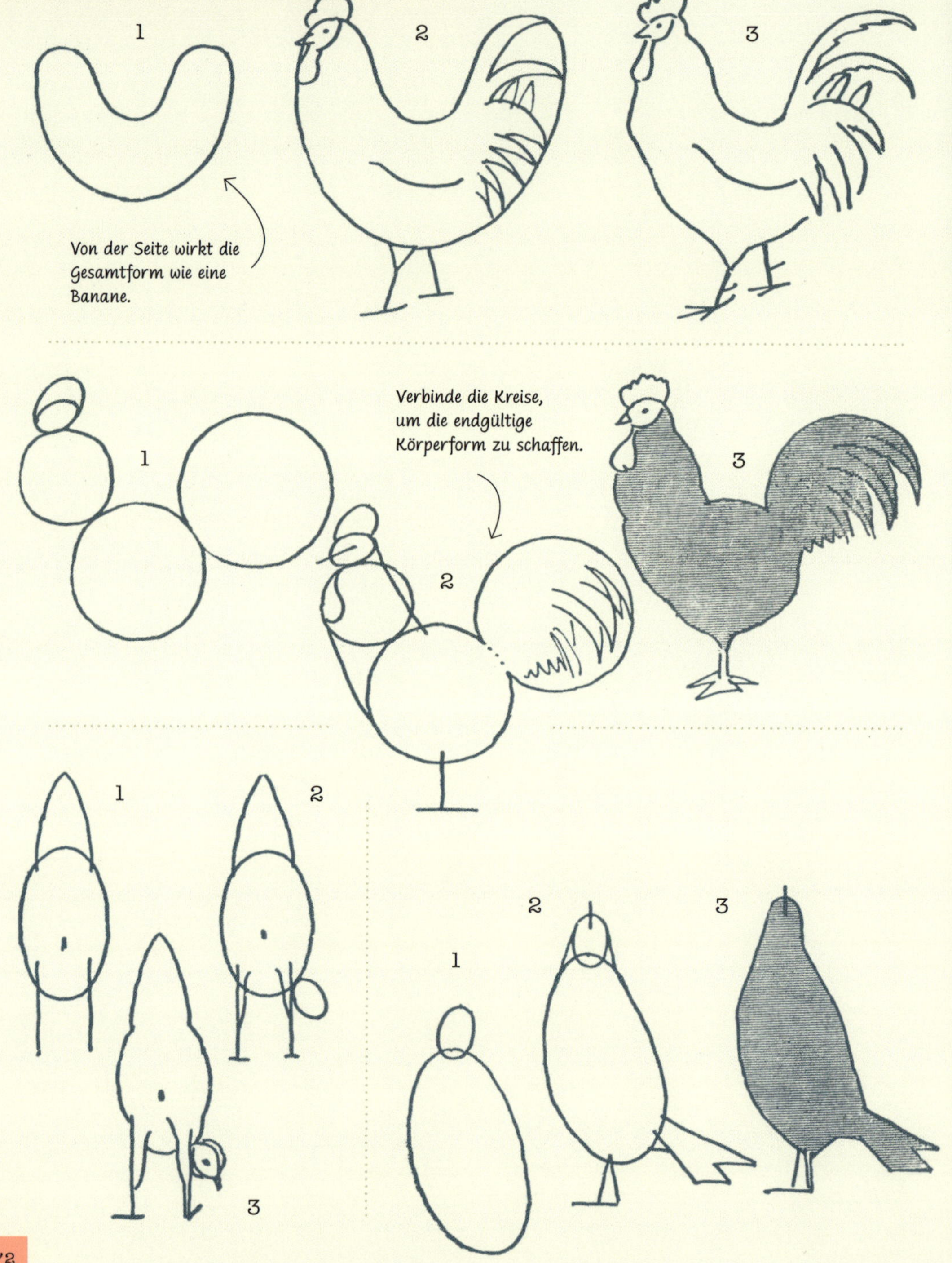

Jetzt bist du dran!

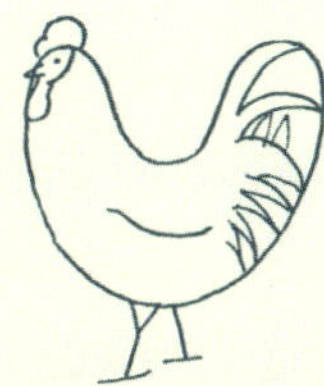

HENNEN UND KÜKEN

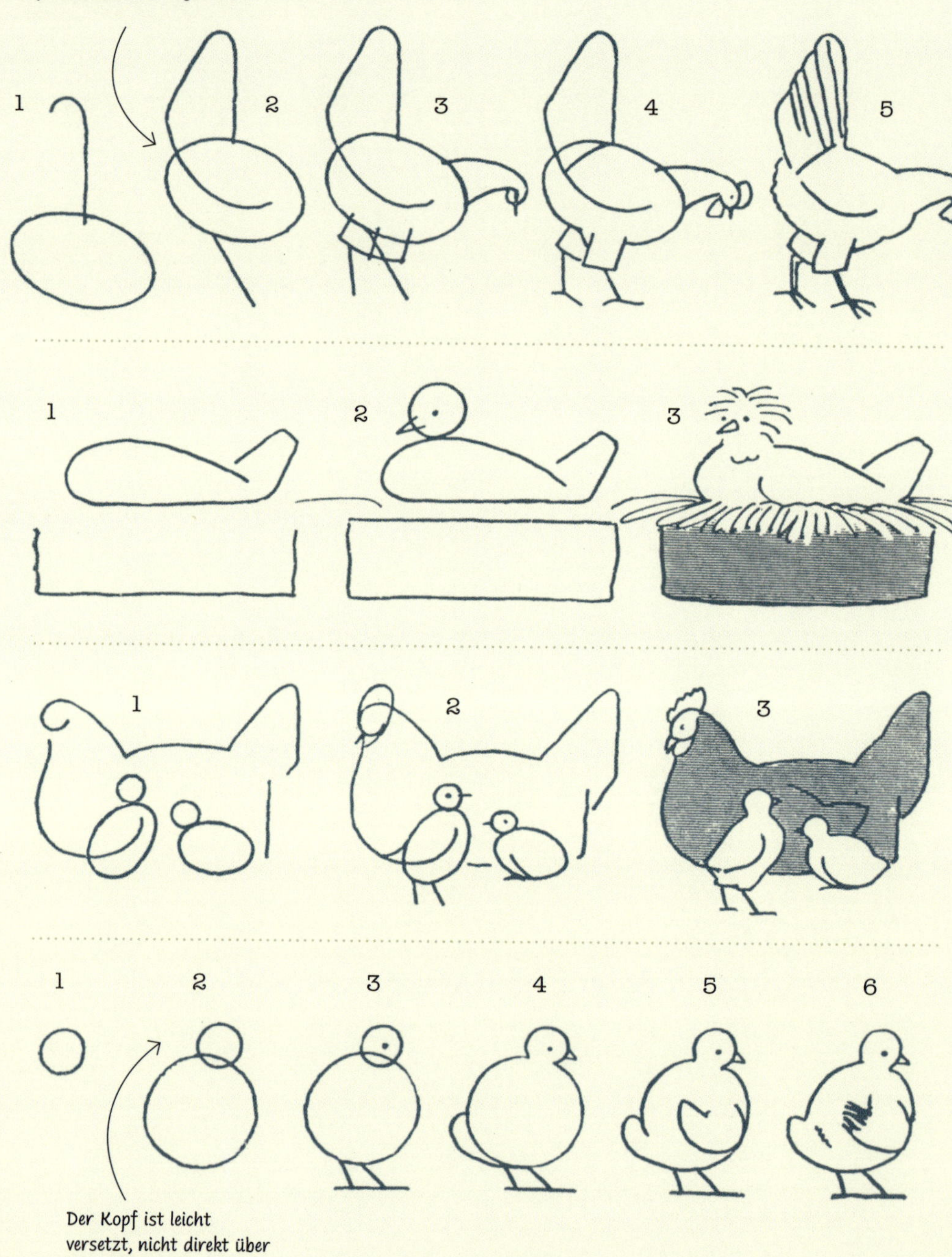

Jetzt bist du dran!

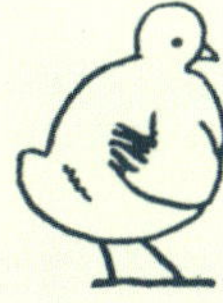

TRUTHÄHNE

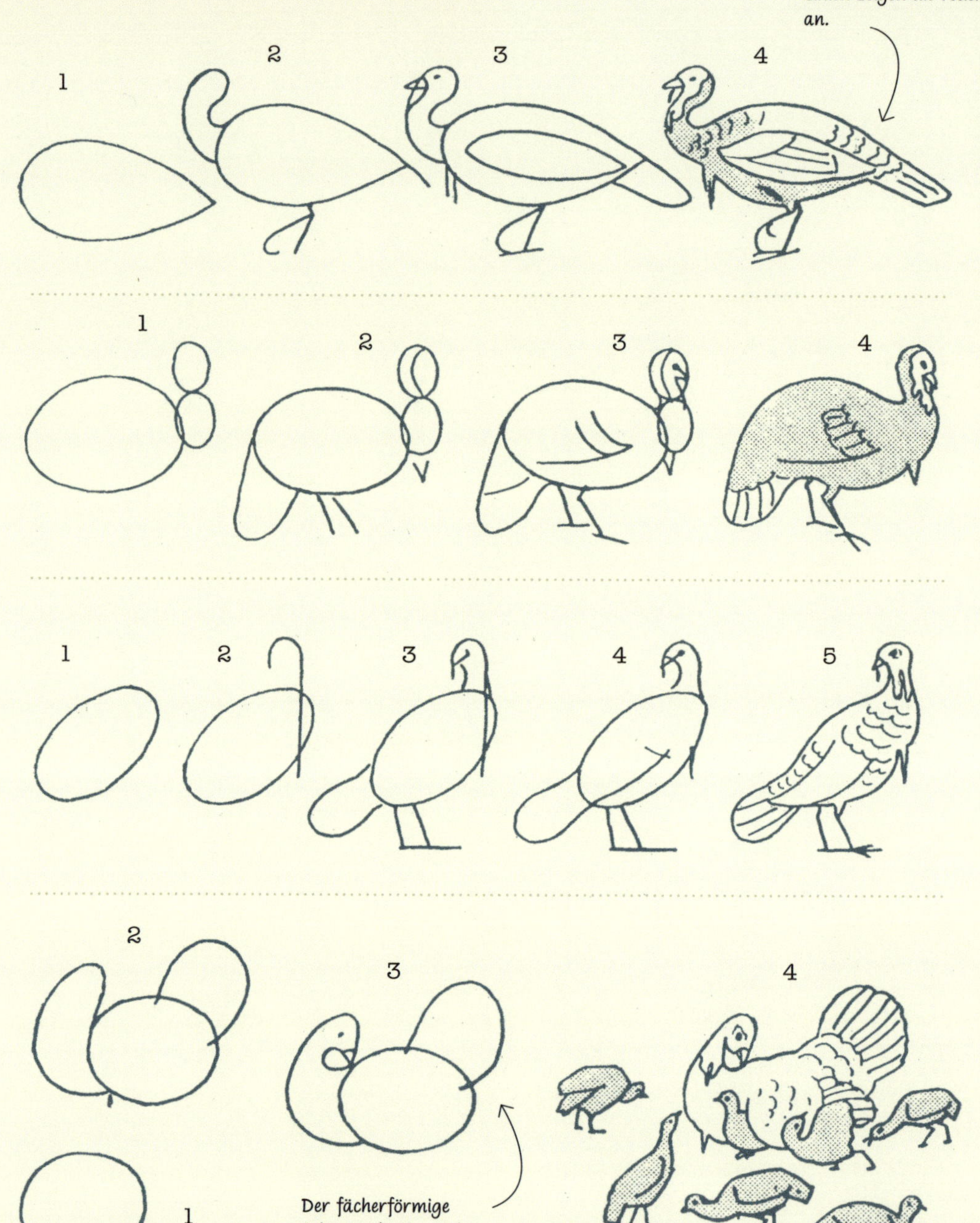

TRUTHAHN-KÜKEN

Jetzt bist du dran!

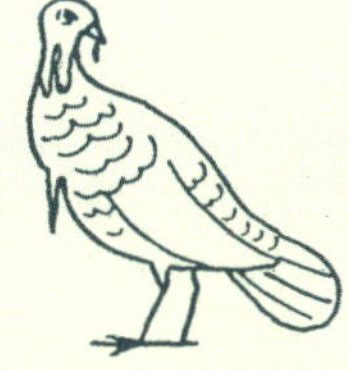

TRUTHÄHNE UND PERLHÜHNER

TRUTHÄHNE

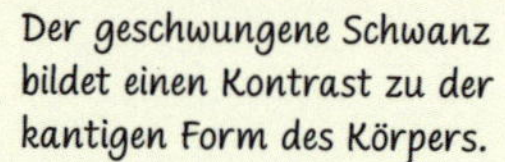

Der geschwungene Schwanz bildet einen Kontrast zu der kantigen Form des Körpers.

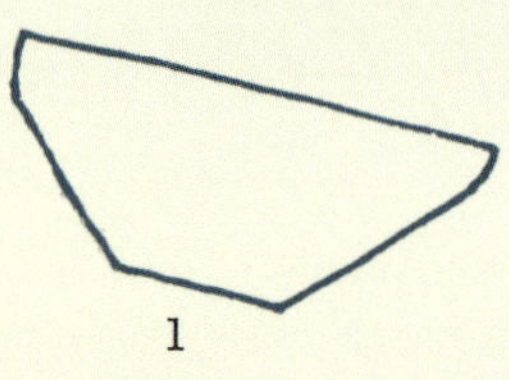

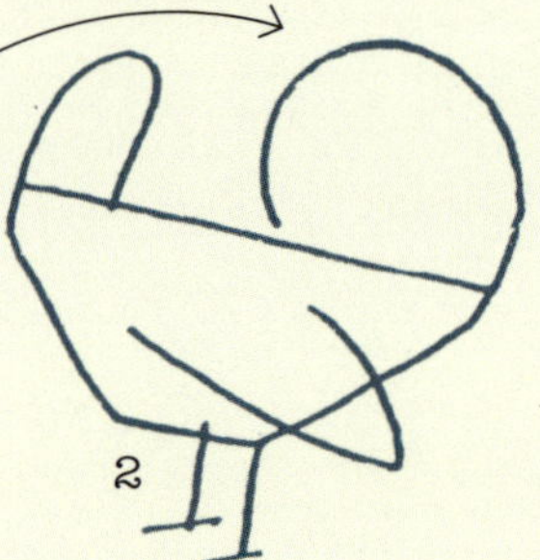

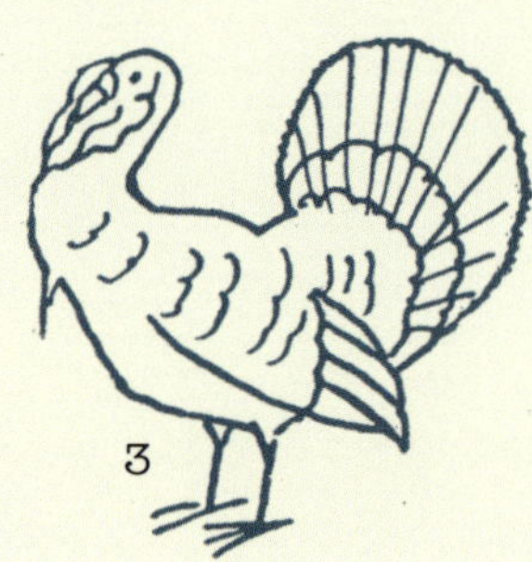

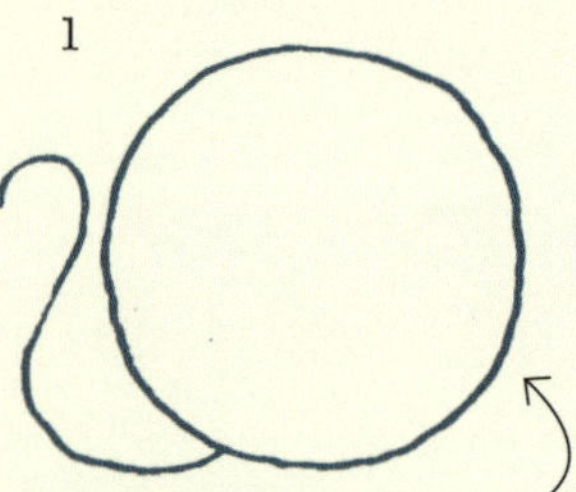

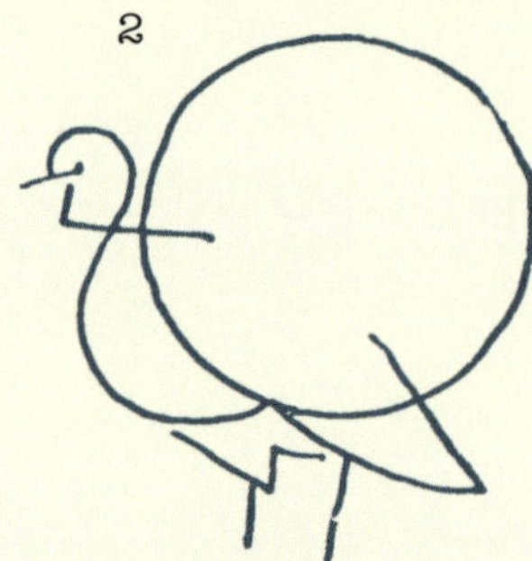

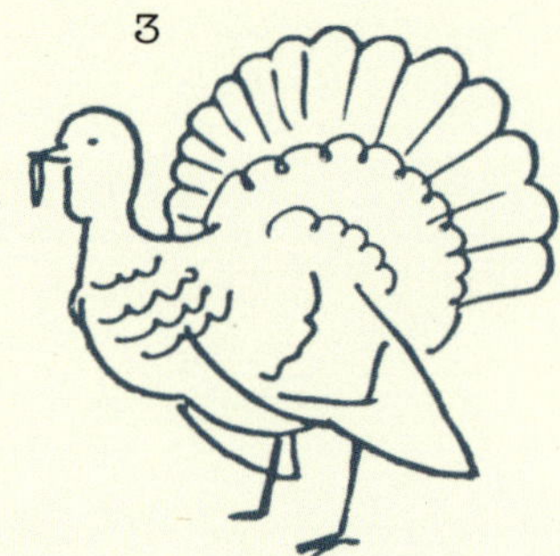

Der große Kreis umfasst den Körper und die Schwanzfedern.

PERLHÜHNER

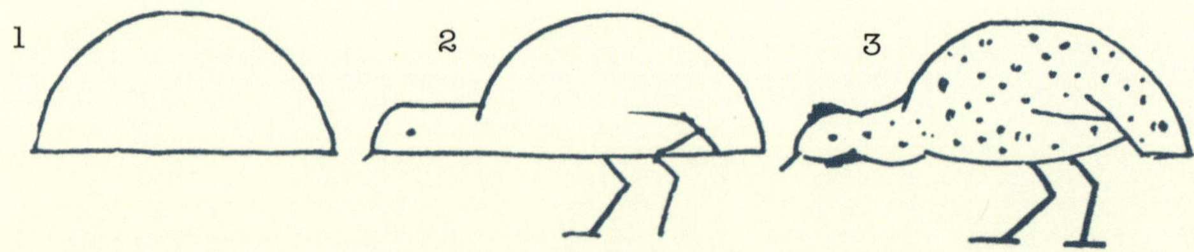

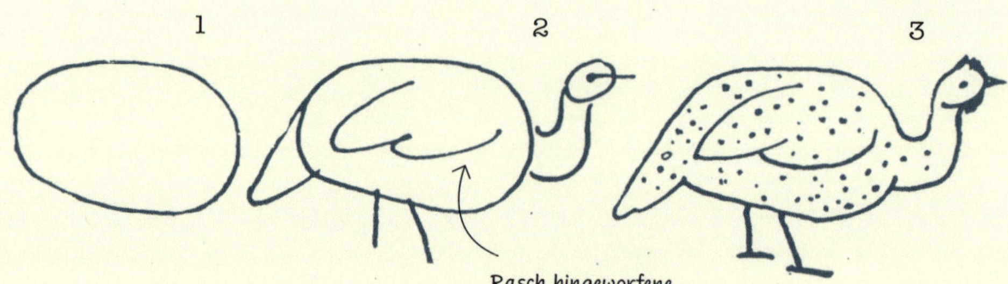

Rasch hingeworfene Schnörkel deuten Kopf, Schwanz und Flügel an.

Jetzt bist du dran!

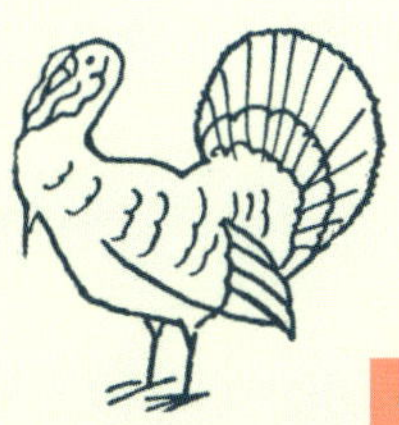

REBHÜHNER UND WACHTELN

REBHUHN

Die nach vorne geneigte Haltung zeigt uns, dass der Vogel sich bewegt.

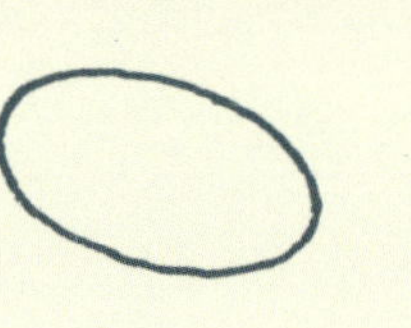

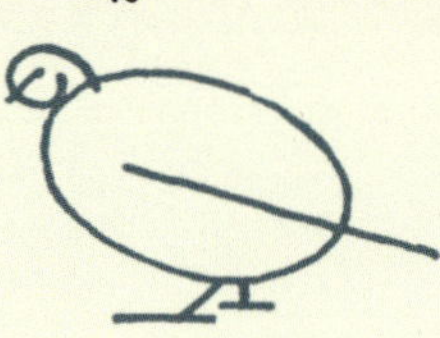

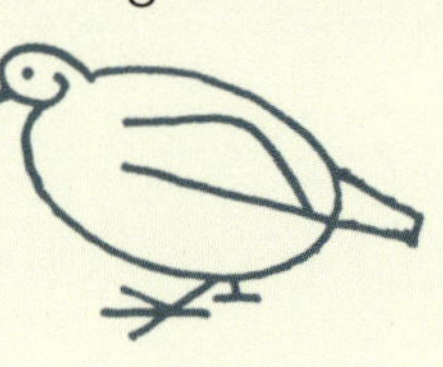

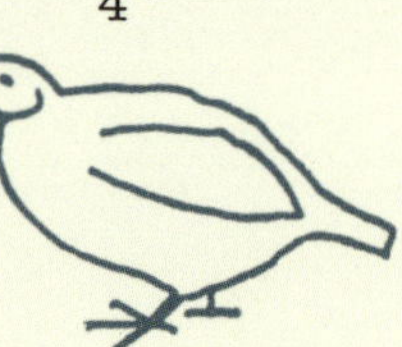

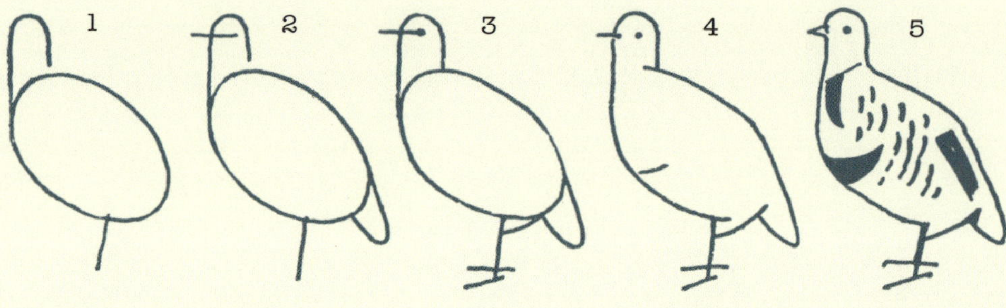

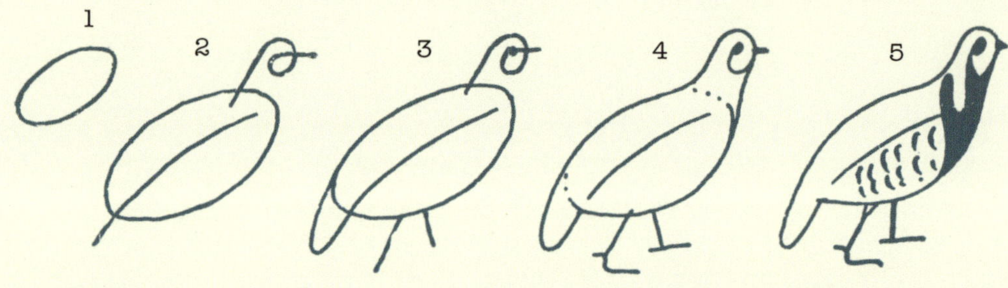

WACHTEL

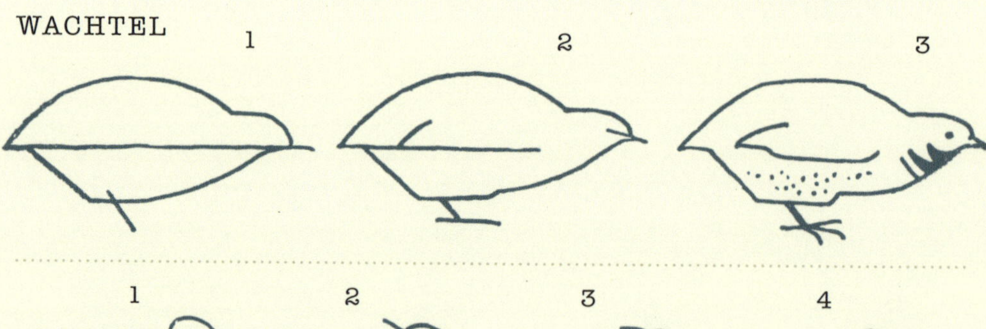

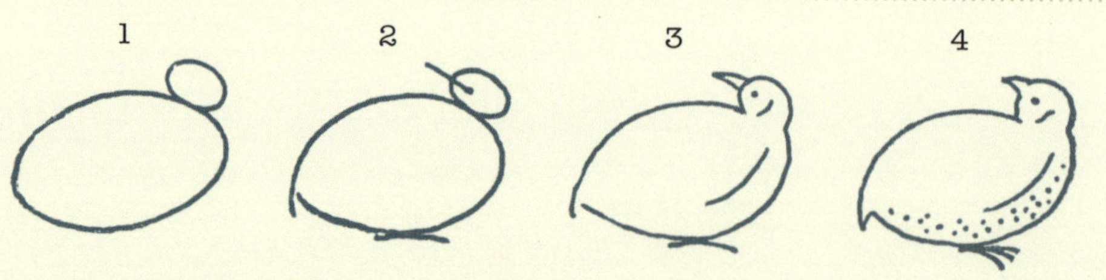

Jetzt bist du dran!

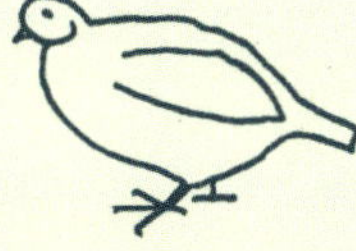

FASANE

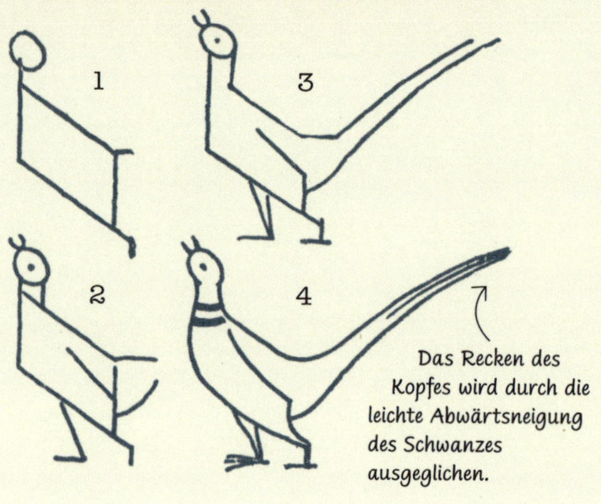

Das Recken des Kopfes wird durch die leichte Abwärtsneigung des Schwanzes ausgeglichen.

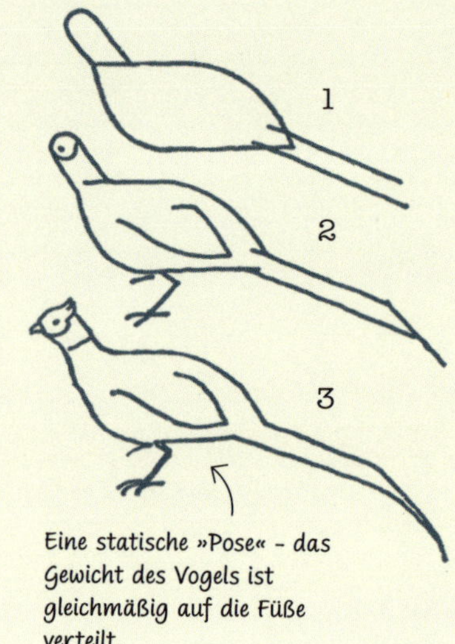

Eine statische »Pose« – das Gewicht des Vogels ist gleichmäßig auf die Füße verteilt.

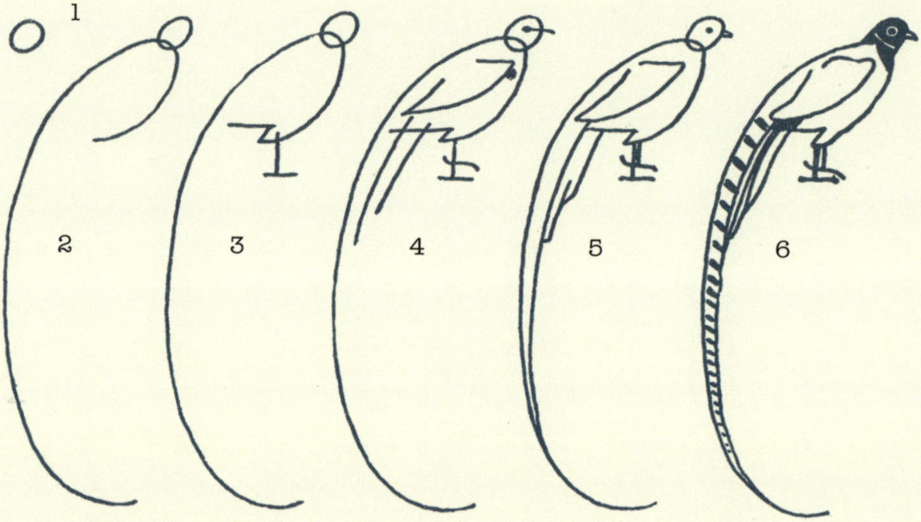

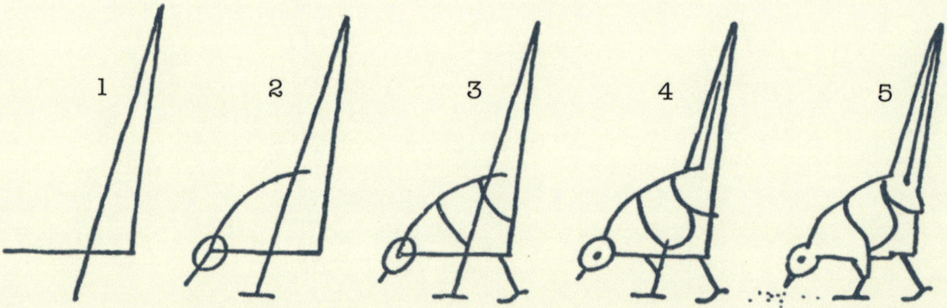

Jetzt bist du dran!

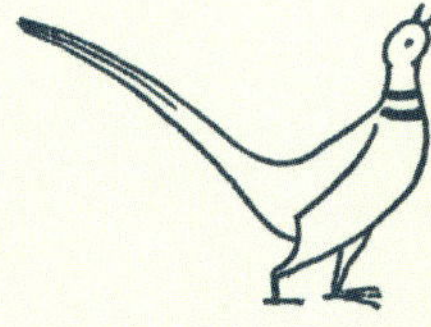

ENTEN

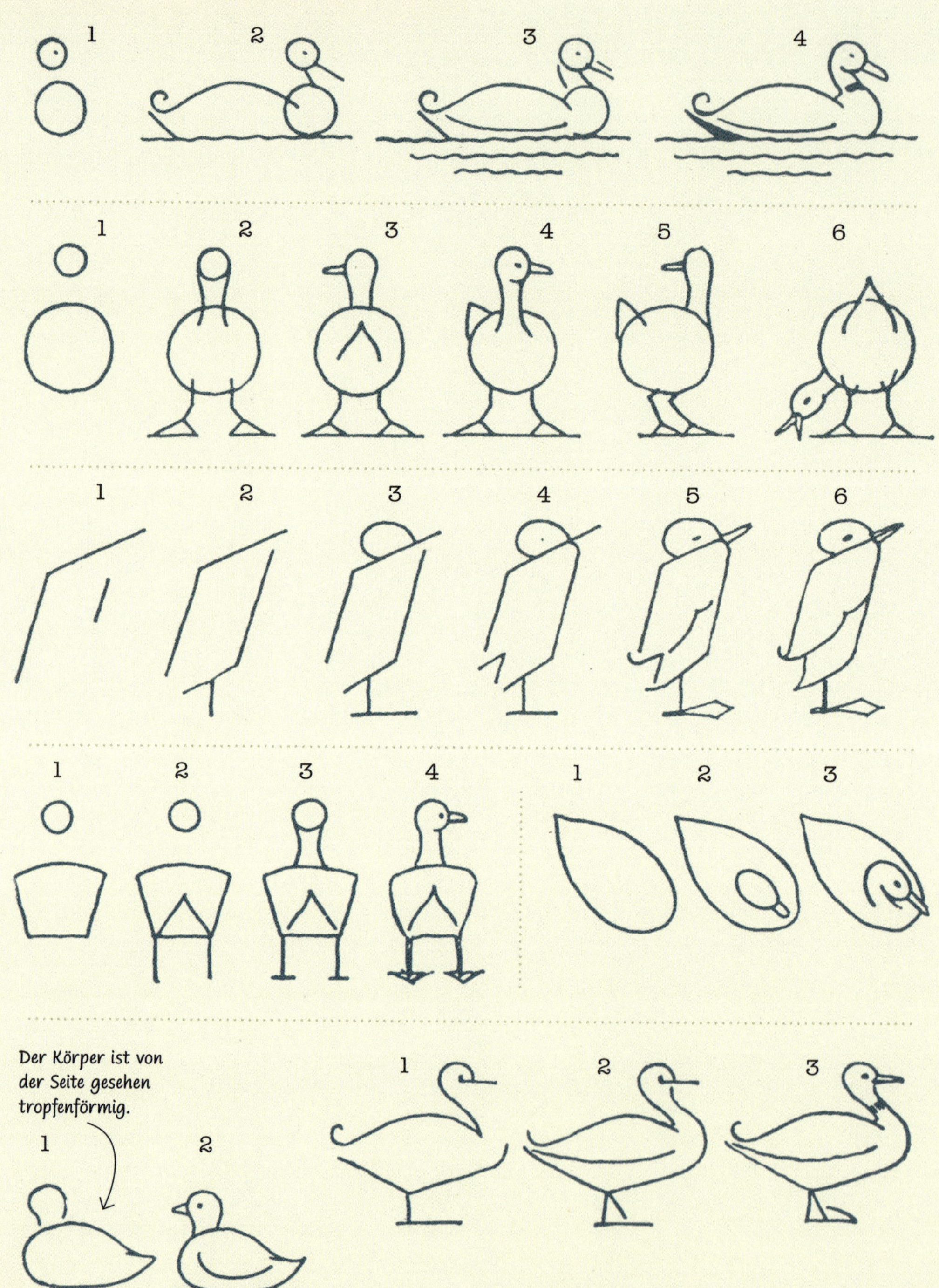

1
2
3
4
1
2
3
4
5
6
1
2
3
4
5
6
1
2
3
4
1
2
3
Der Körper ist von der Seite gesehen tropfenförmig.
1
2
1
2
3

Jetzt bist du dran!

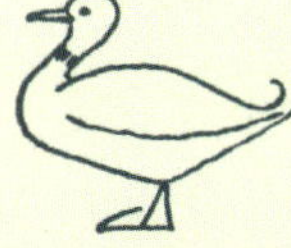

GÄNSE

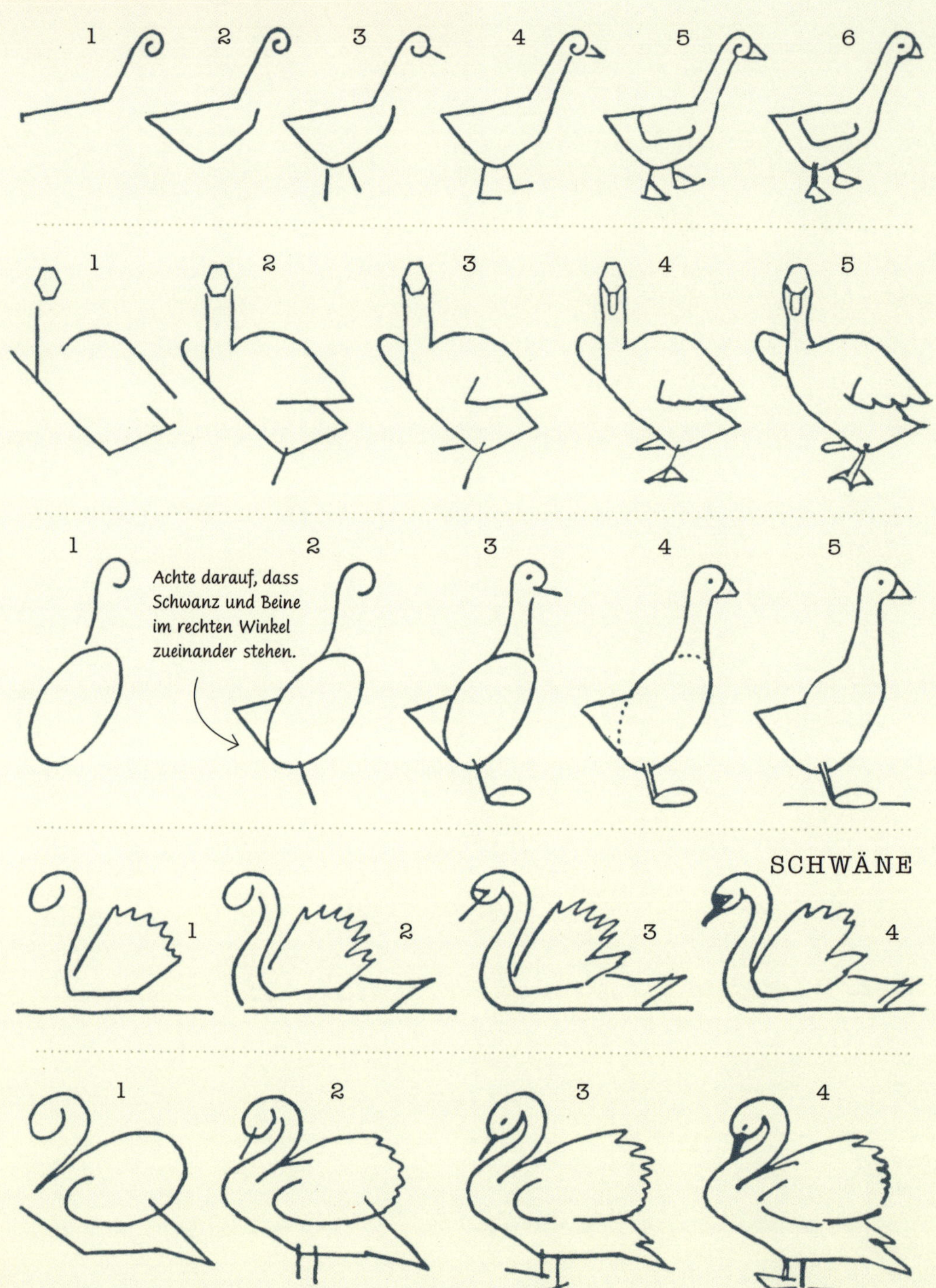
1
2
3
4
5
6
1
2
3
4
5
1
2
Achte darauf, dass Schwanz und Beine im rechten Winkel zueinander stehen.
3
4
5
SCHWÄNE
1
2
3
4
1
2
3
4

Jetzt bist du dran!

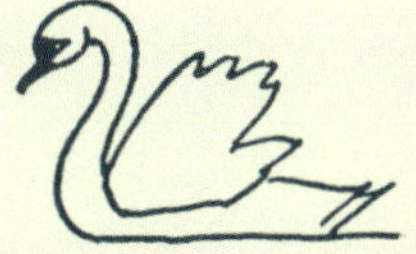

UHU

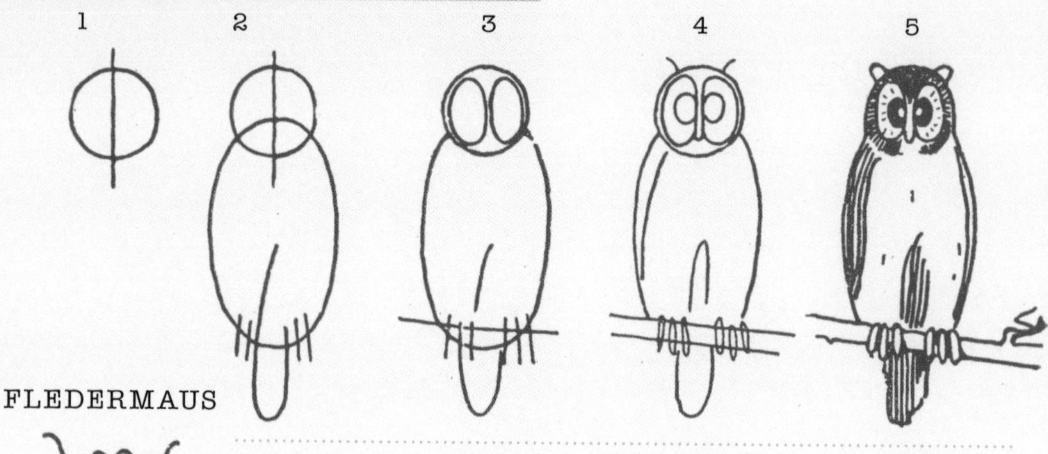

FLEDERMAUS

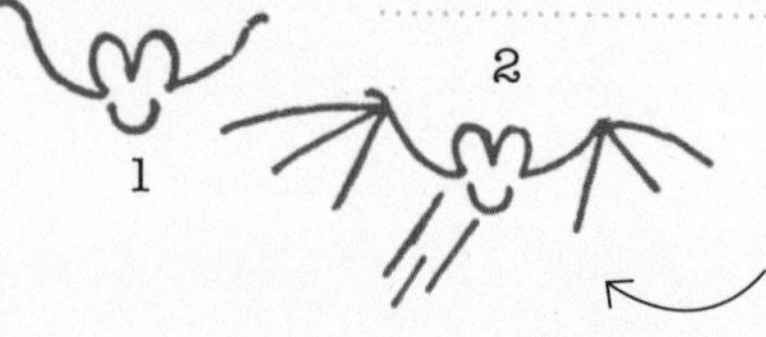

Lege die Winkel zwischen Körper- und Flügelsegmenten fest …

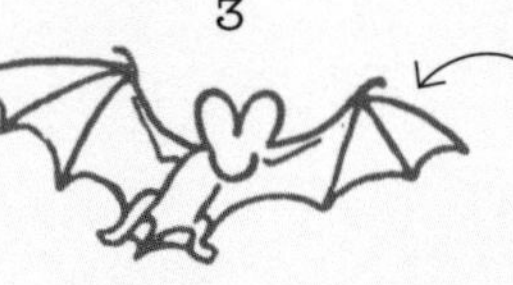

… und zeichne dann den kompletten Umriss.

SCHLEIEREULE

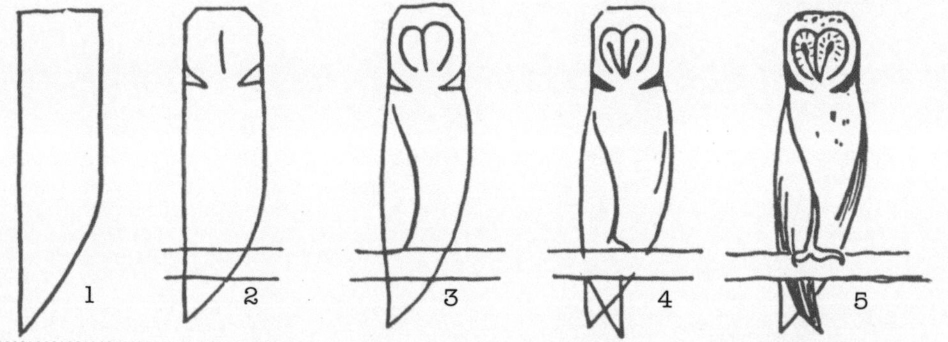

WALDOHREULE

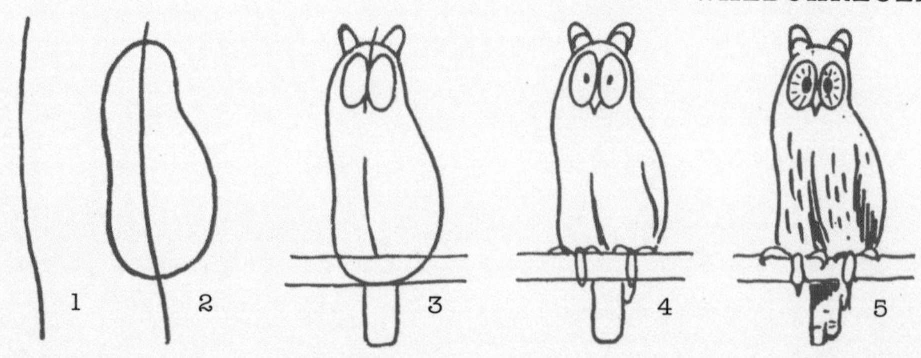

Jetzt bist du dran!

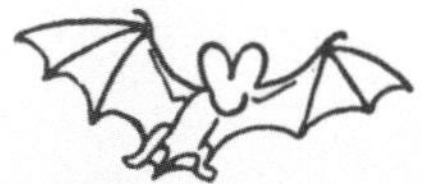

SCHWALBEN

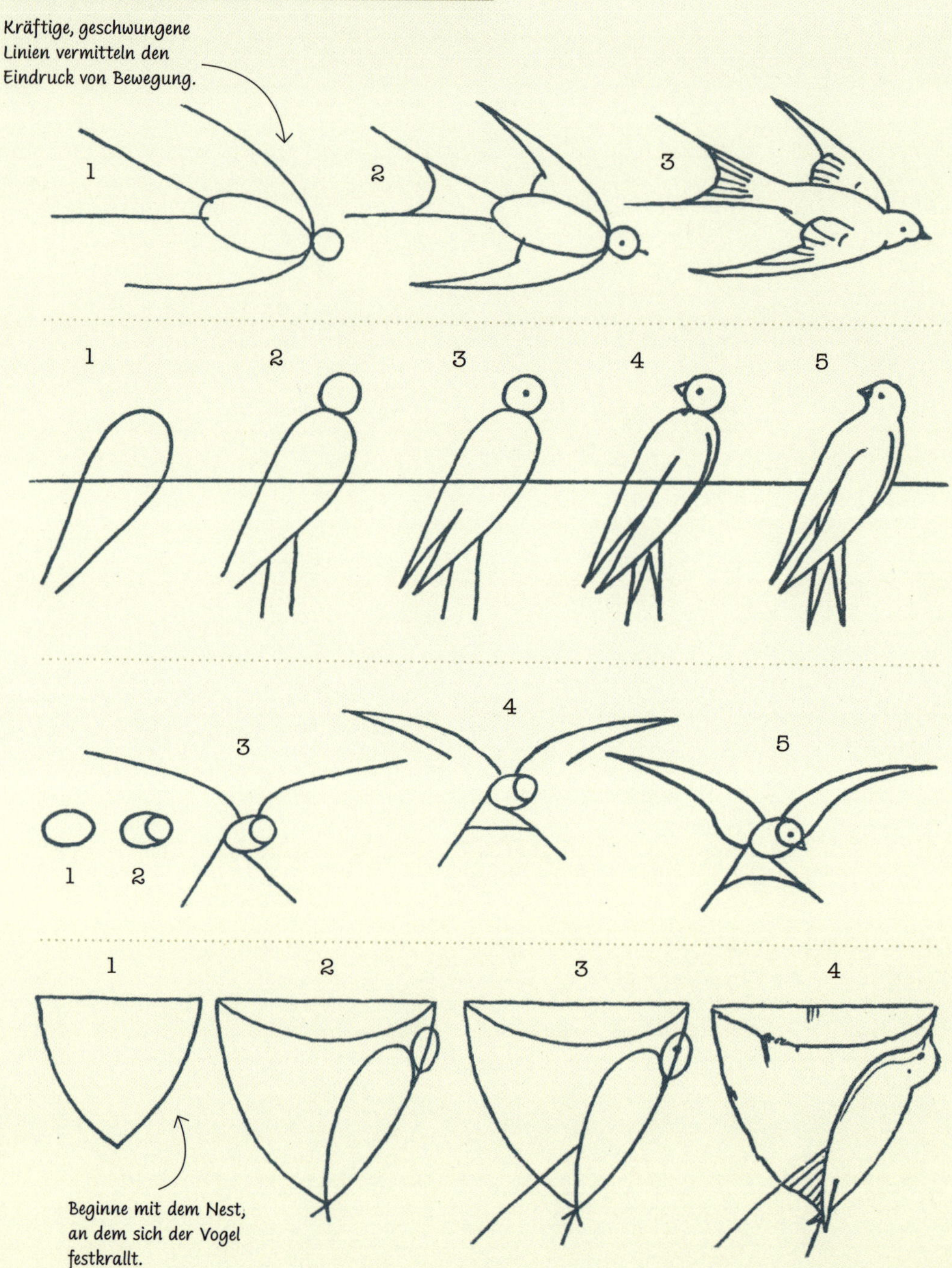

Kräftige, geschwungene
Linien vermitteln den
Eindruck von Bewegung.
1
2
3
1
2
3
4
5
3
4
5
1
2
1
2
3
4
Beginne mit dem Nest,
an dem sich der Vogel
festkrallt.

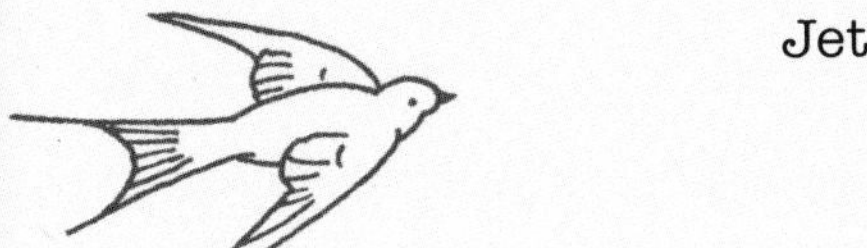

Jetzt bist du dran!

SPATZEN

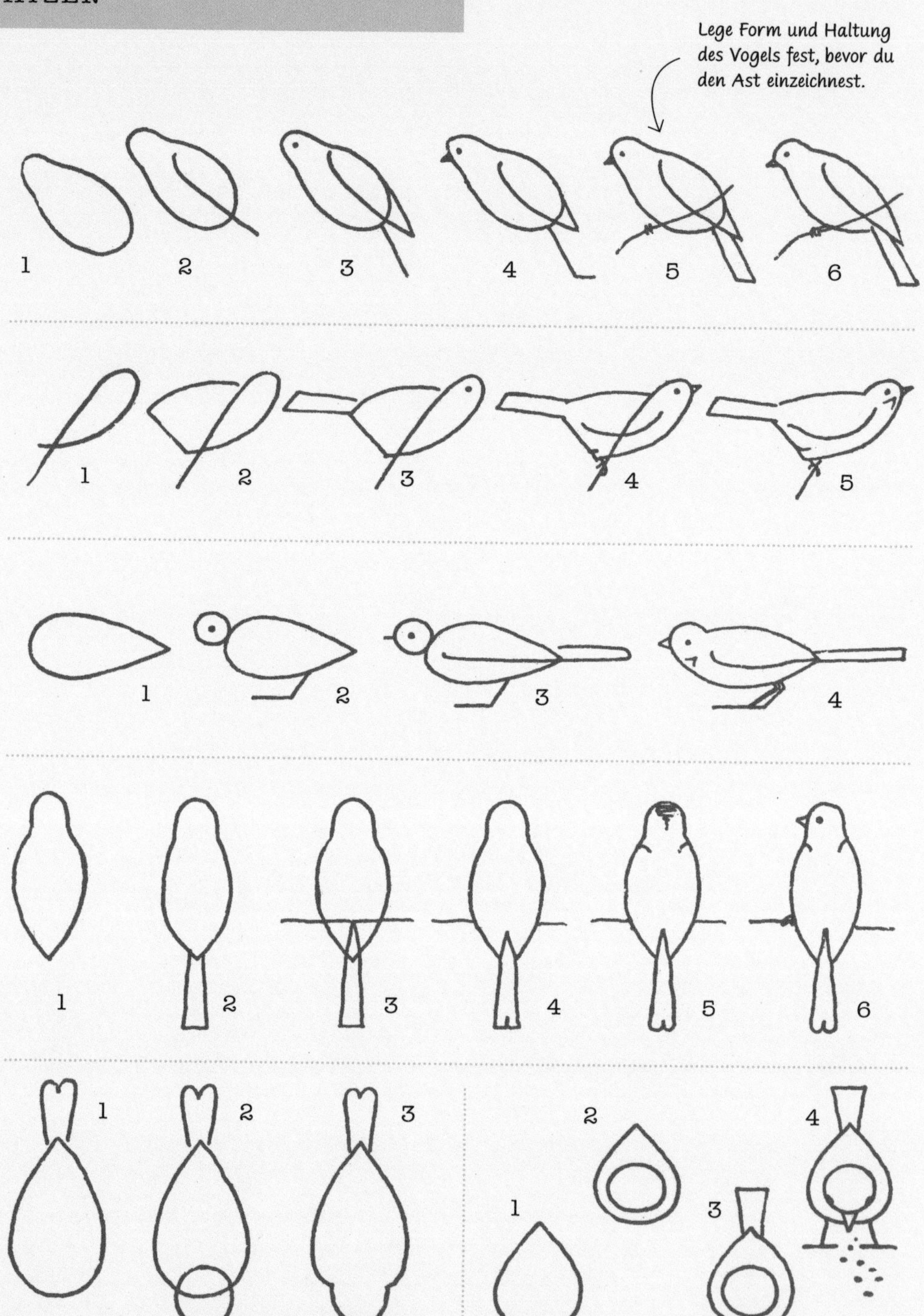

Lege Form und Haltung des Vogels fest, bevor du den Ast einzeichnest.
1
2
3
4
5
6
1
2
3
4
5
1
2
3
4
1
2
3
4
5
6
1
2
3
1
2
3
4

Jetzt bist du dran!

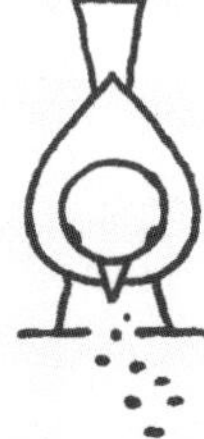

KRÄHEN

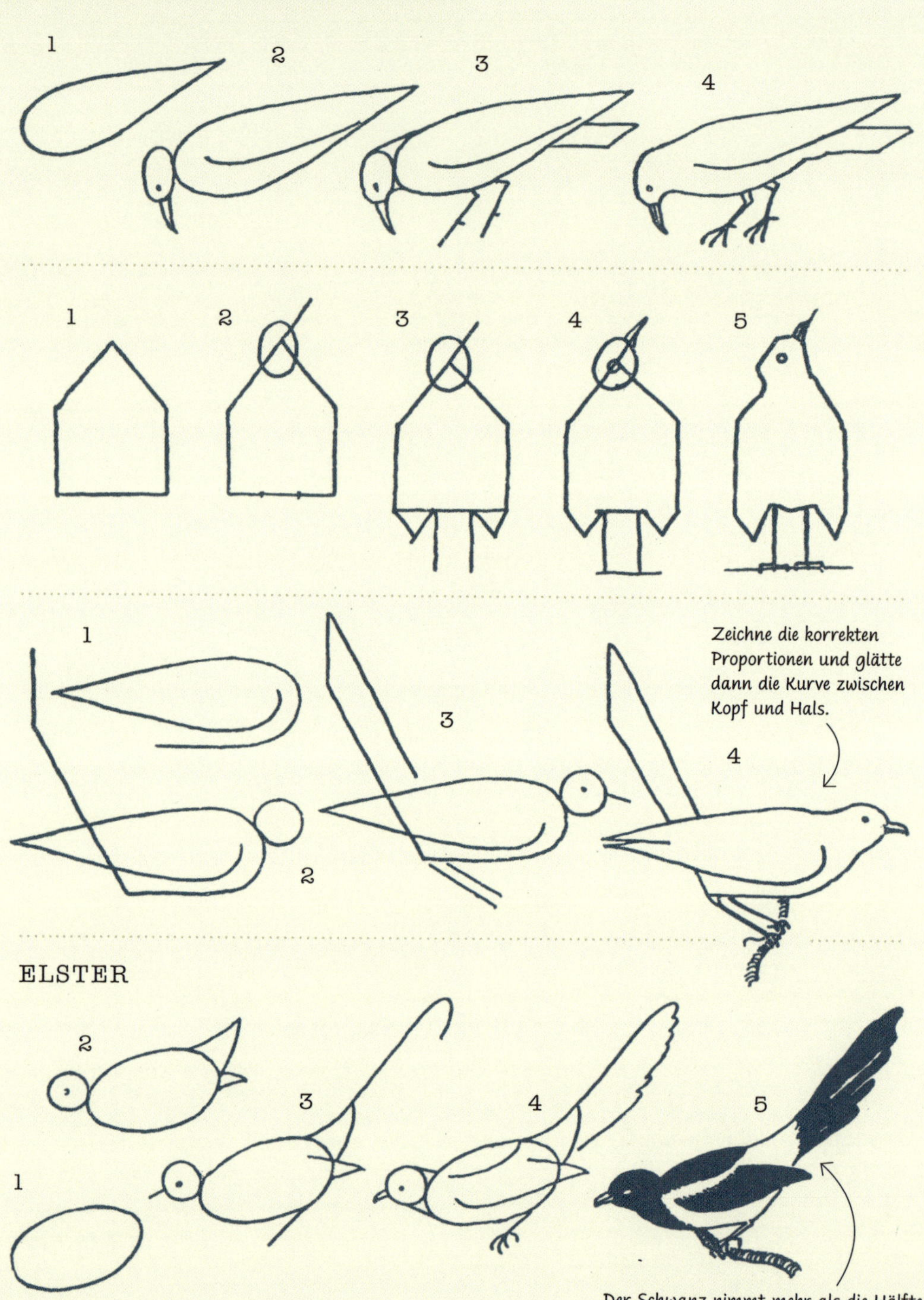
1
2
3
4
1
2
3
4
5
1
2
3
4
Zeichne die korrekten Proportionen und glätte dann die Kurve zwischen Kopf und Hals.
ELSTER
2
1
3
4
5
Der Schwanz nimmt mehr als die Hälfte der Gesamtlänge des Vogels ein.

Jetzt bist du dran!

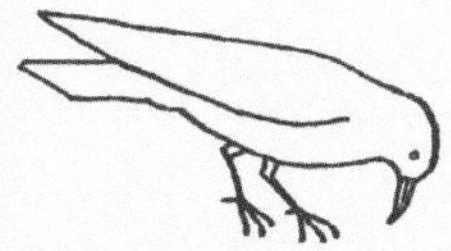

MÖWEN

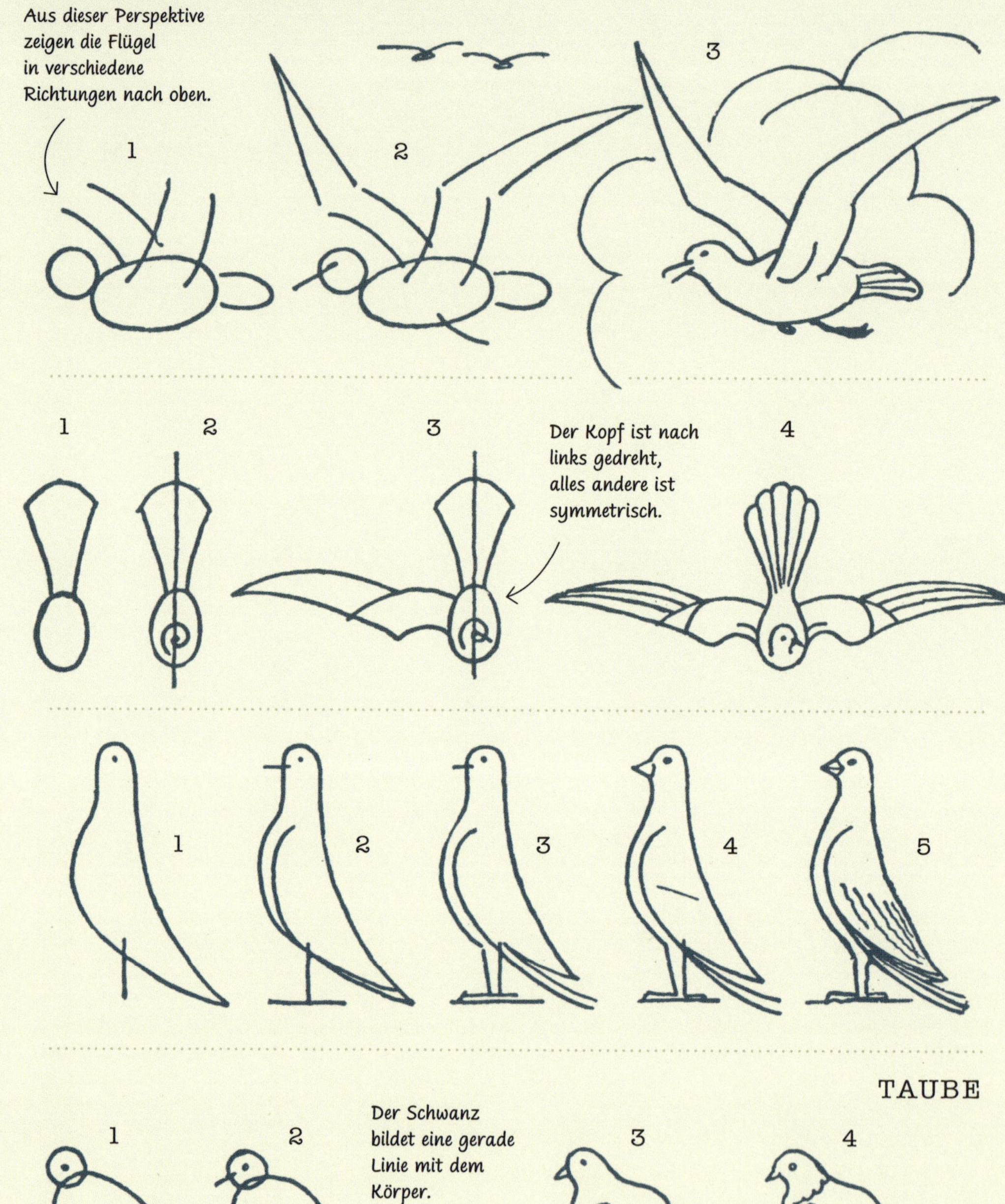

TAUBE

1
2
Der Schwanz bildet eine gerade Linie mit dem Körper.
3
4

Jetzt bist du dran!

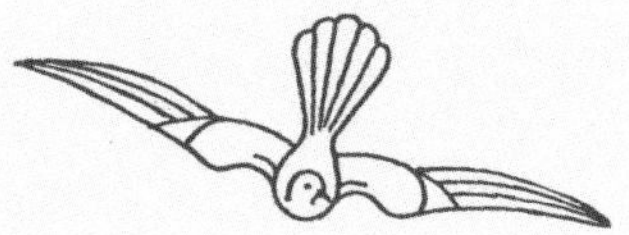

SITTICHE

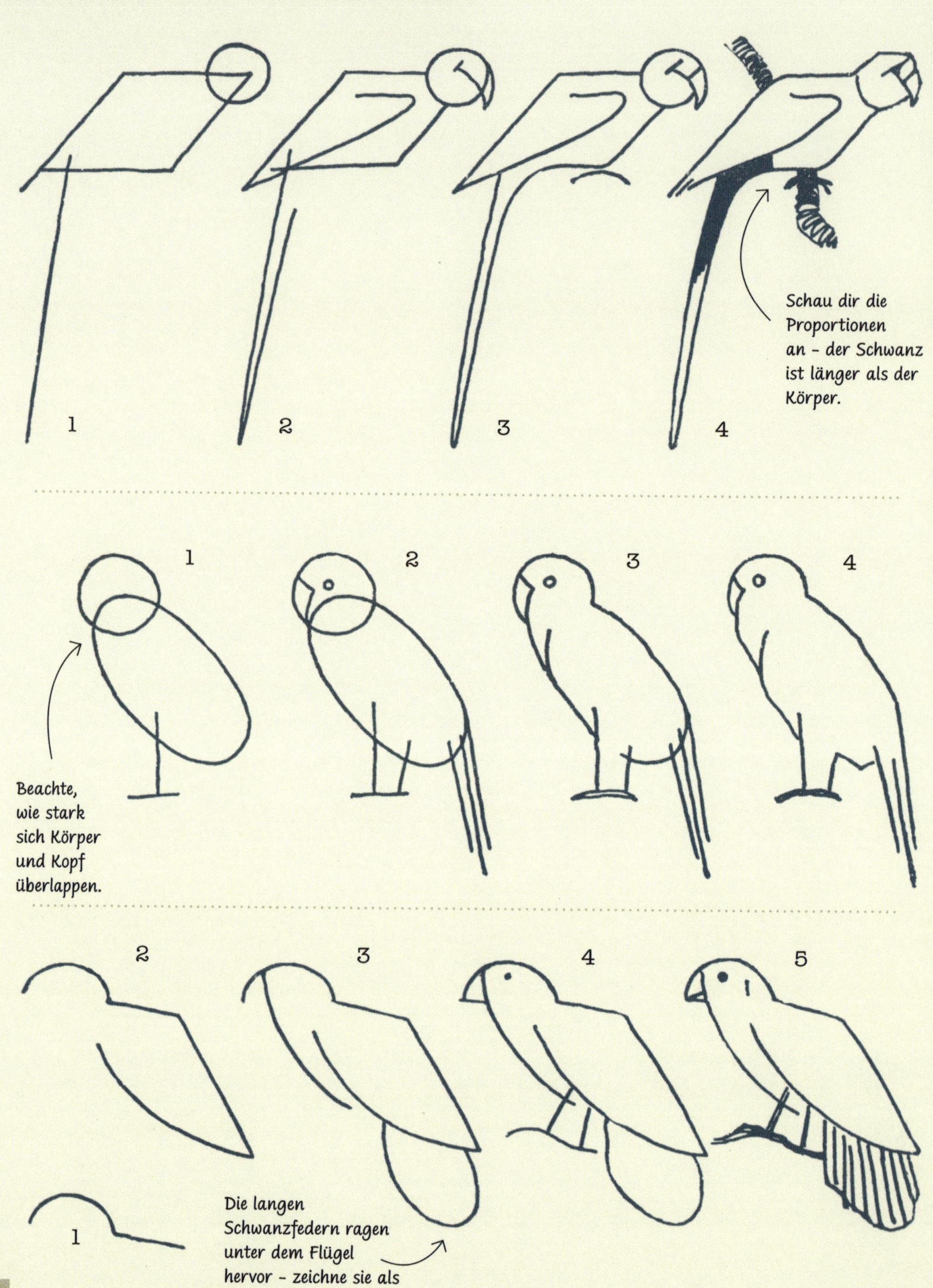

1
2
3
4
Schau dir die Proportionen an – der Schwanz ist länger als der Körper.
1
2
3
4
Beachte, wie stark sich Körper und Kopf überlappen.
2
3
4
5
1
Die langen Schwanzfedern ragen unter dem Flügel hervor – zeichne sie als letztes.

Jetzt bist du dran!

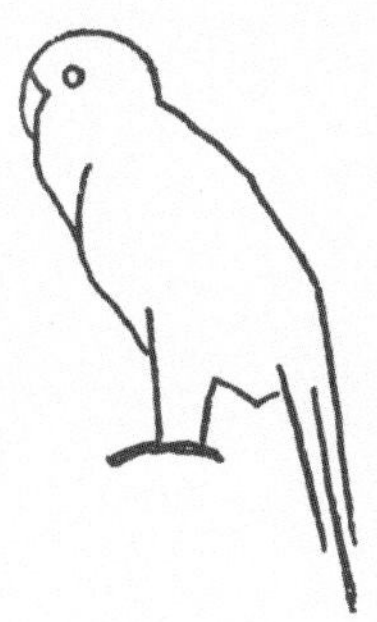

NEUWELTPAPAGEI

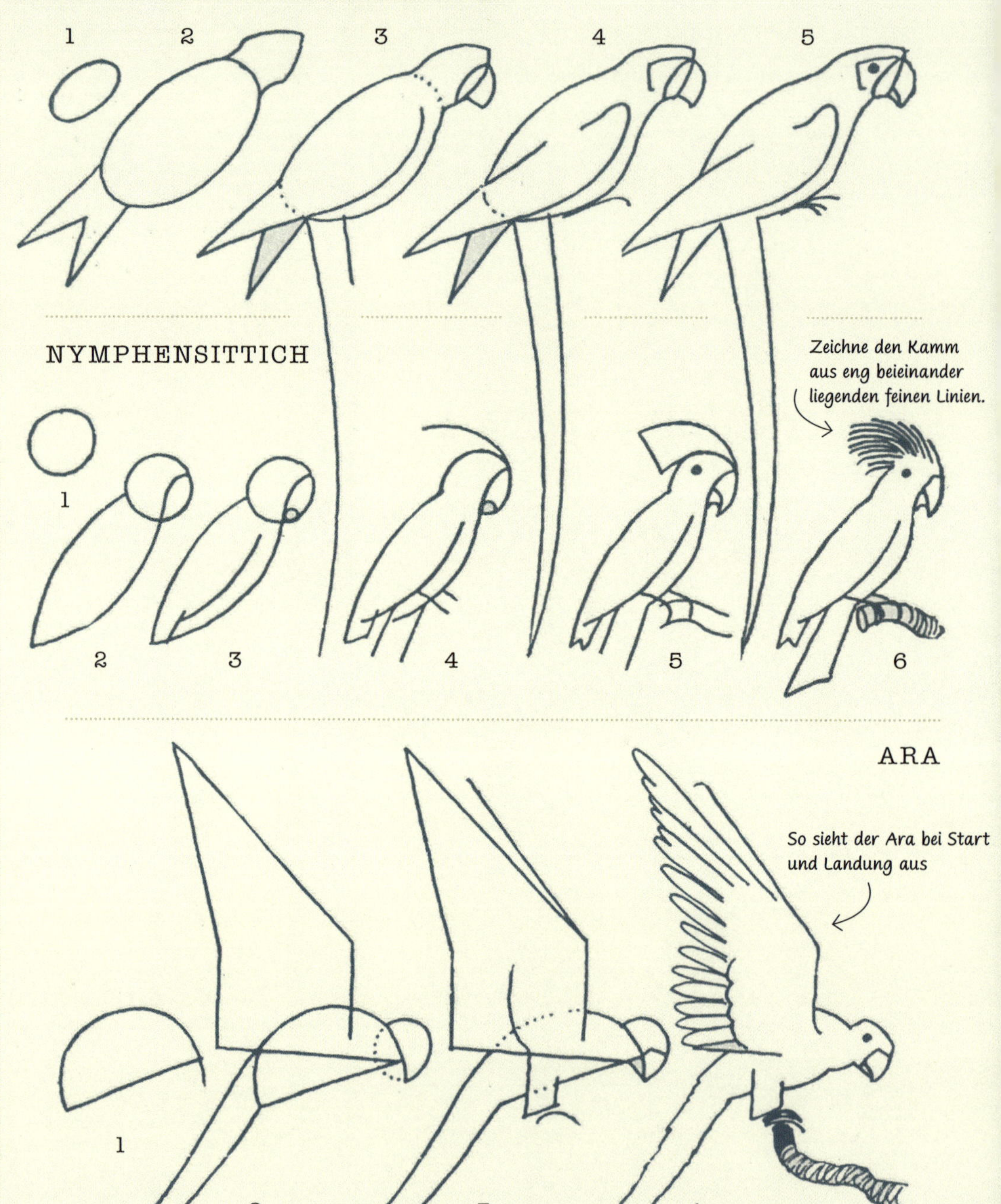

Jetzt bist du dran!

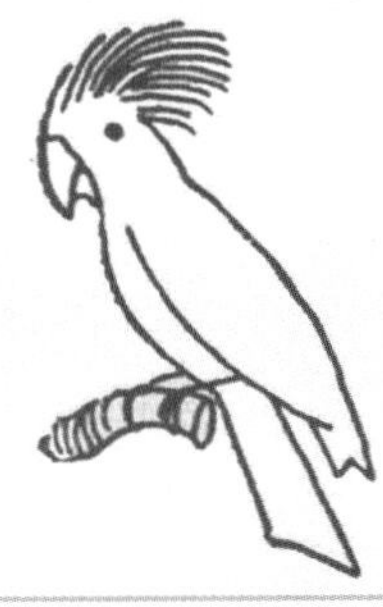

ADLER

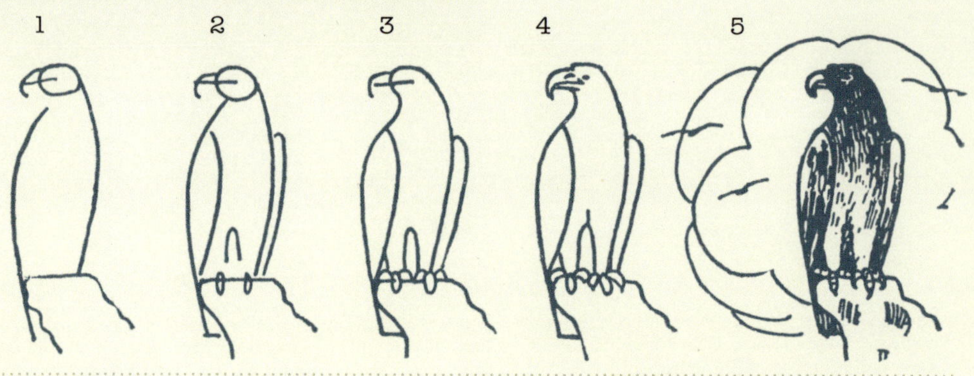

HABICHT

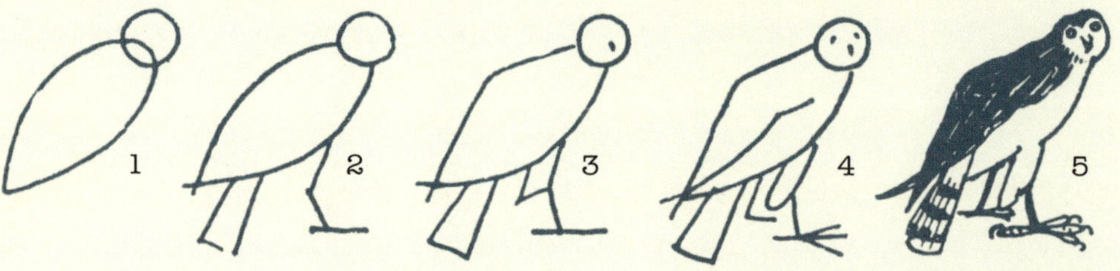

GEIER

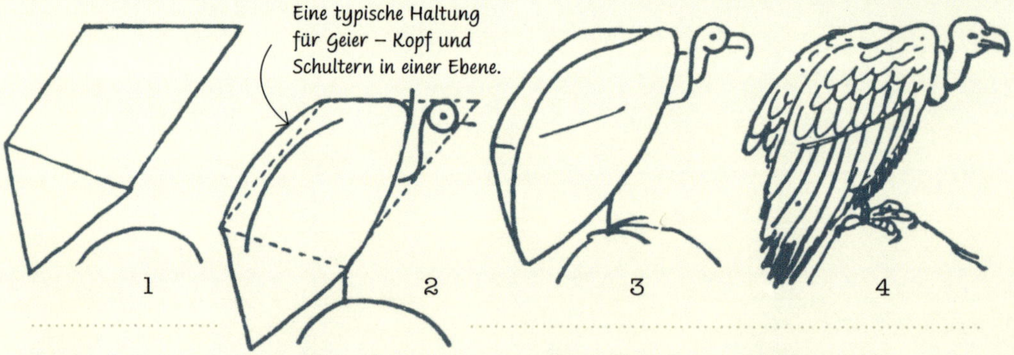

Eine typische Haltung für Geier – Kopf und Schultern in einer Ebene.

1 2 3 4

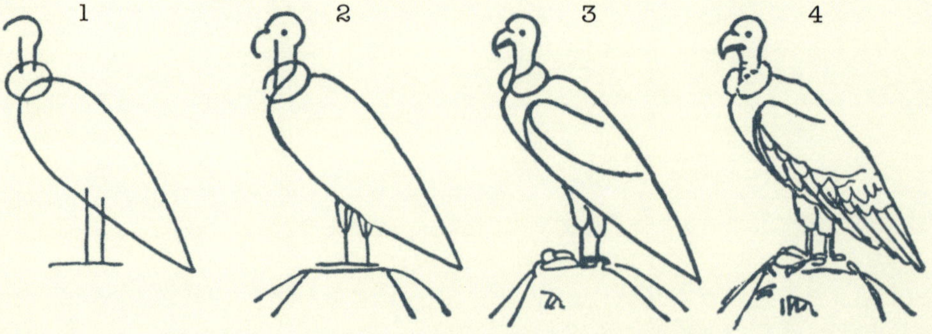

1 2 3 4

Jetzt bist du dran!

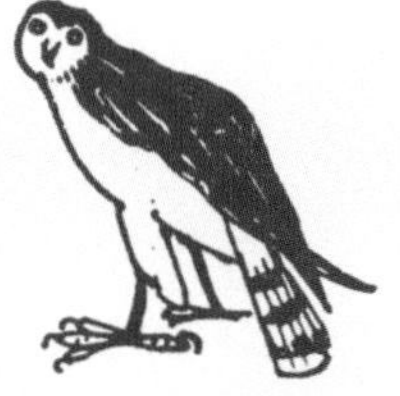

FLAMINGOS

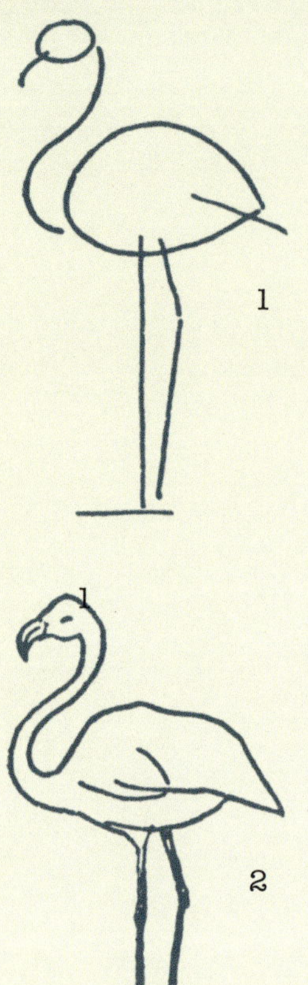
1
2

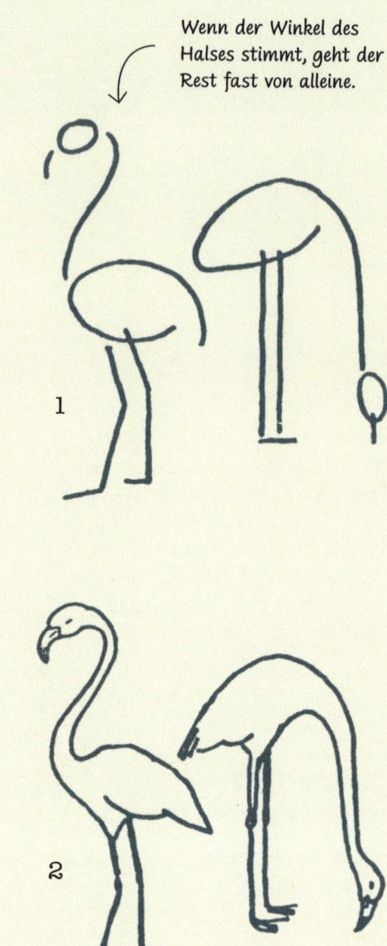
Wenn der Winkel des Halses stimmt, geht der Rest fast von alleine.
1
2

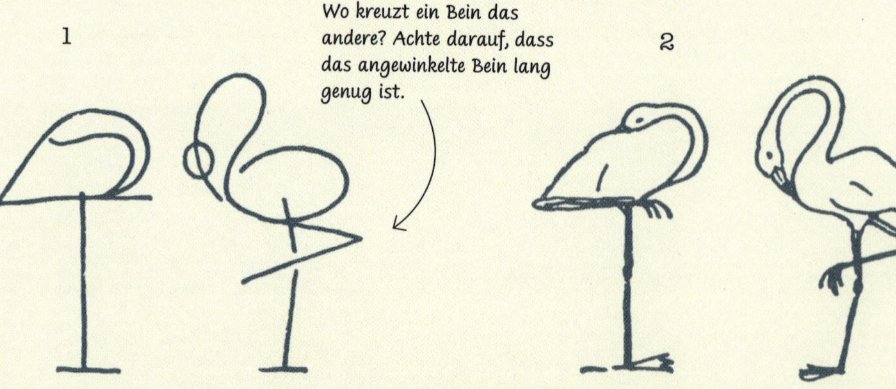
1
Wo kreuzt ein Bein das andere? Achte darauf, dass das angewinkelte Bein lang genug ist.
2

Jetzt bist du dran!

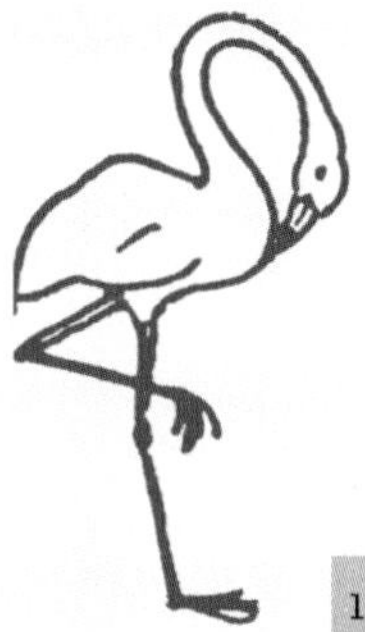

REIHER

Ziehe dünne Linien für Federn und Kamm.

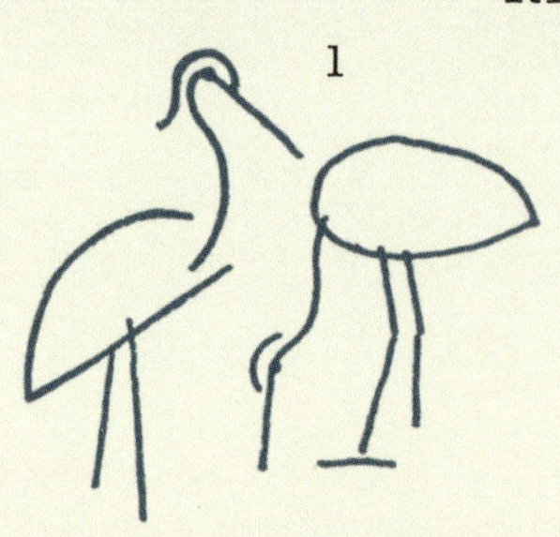

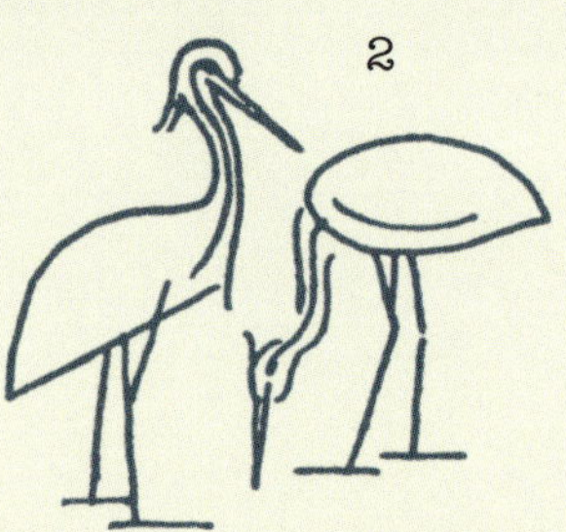

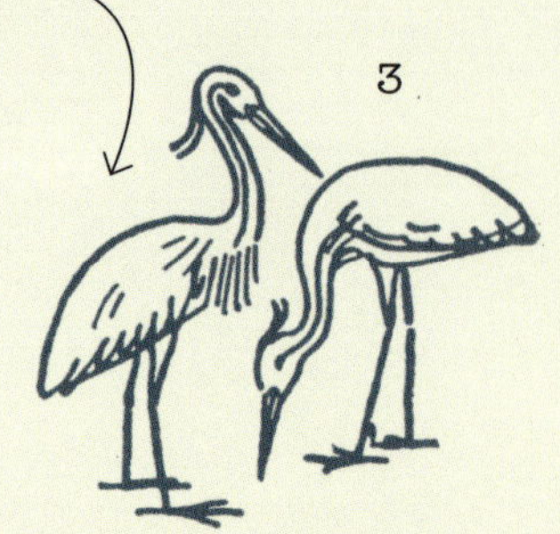

STORCH

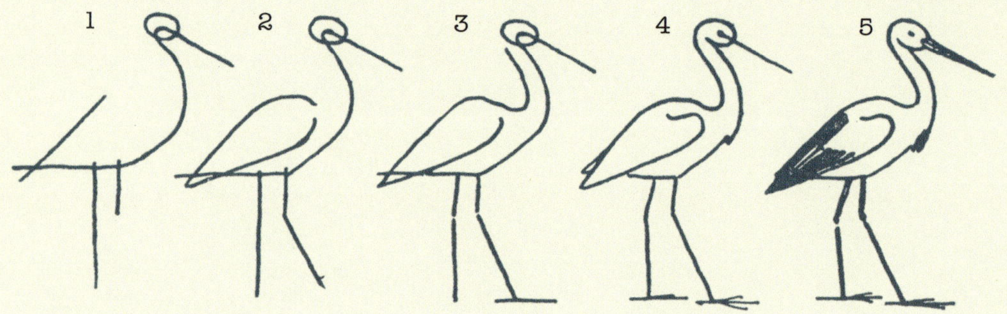

SCHNEPFE

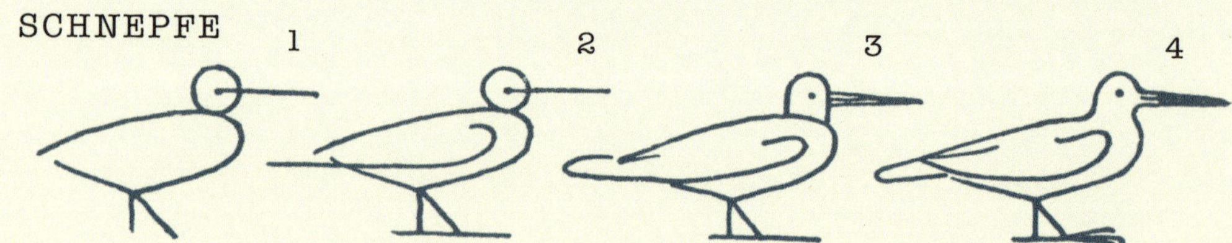

MARABU

Kopf und Körper stehen fast rechtwinklig zueinander.

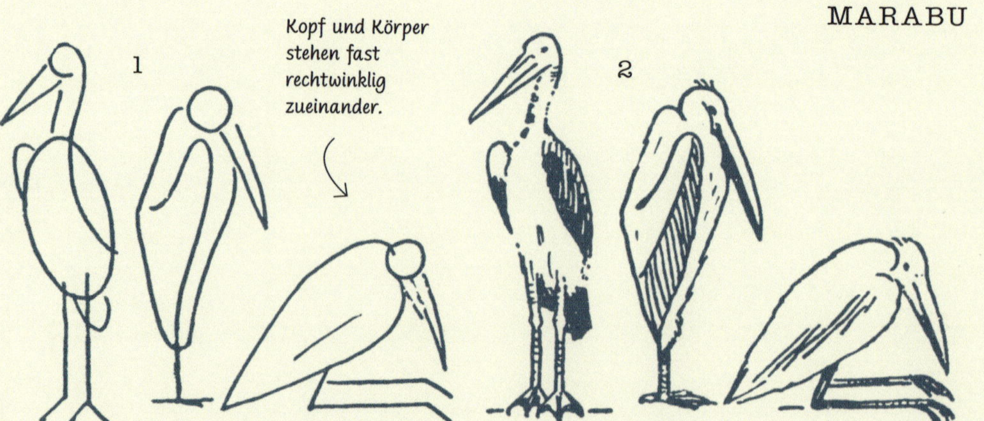

Jetzt bist du dran!

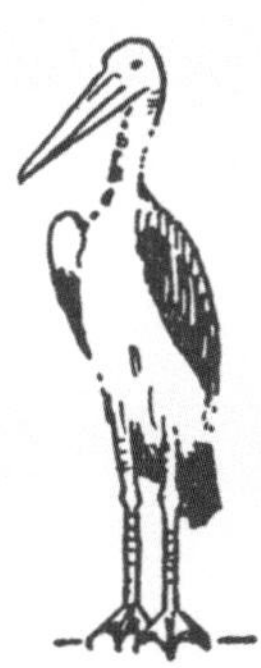

FLUGUNFÄHIGE VÖGEL

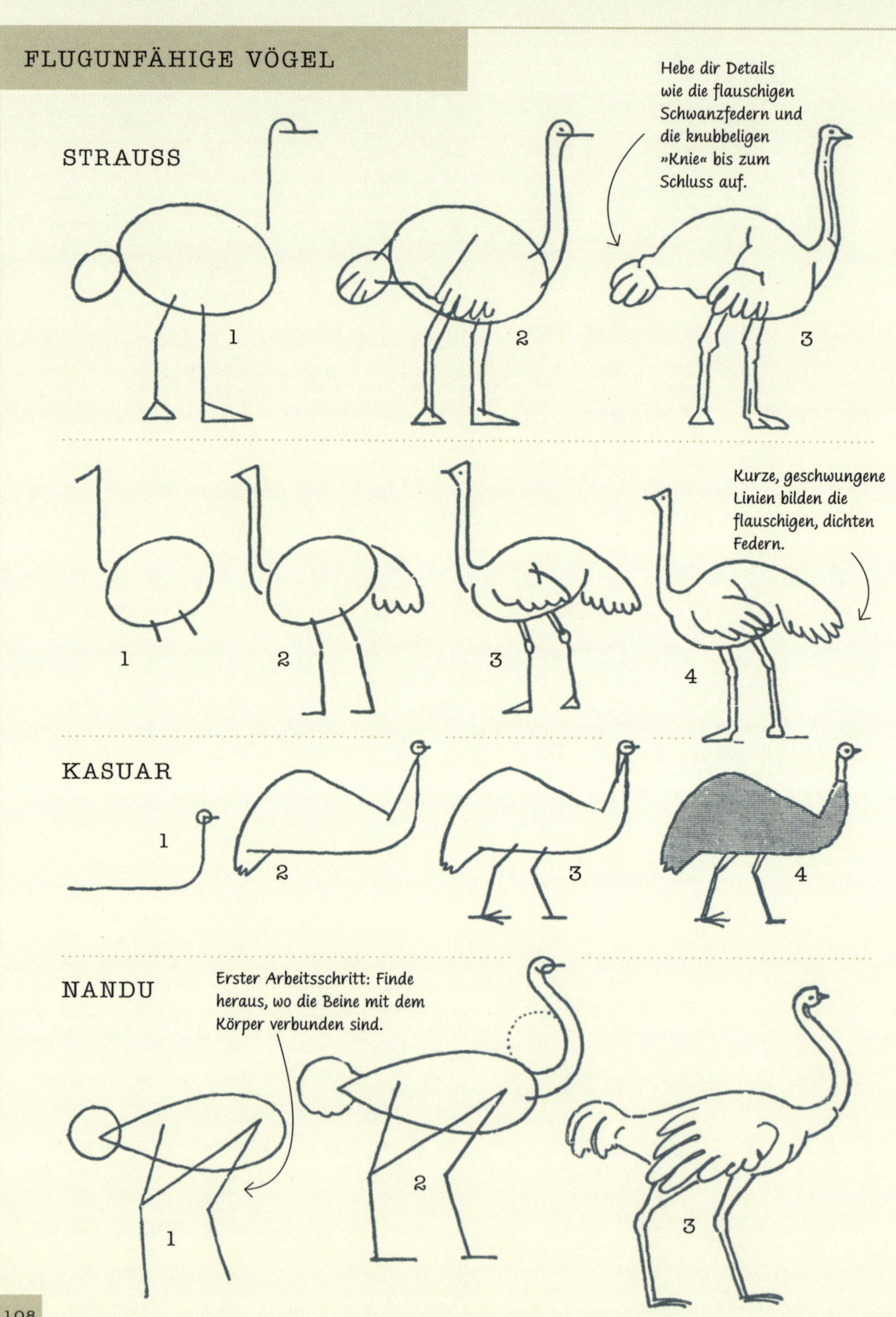

Jetzt bist du dran!

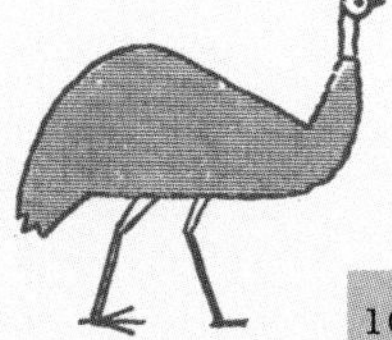

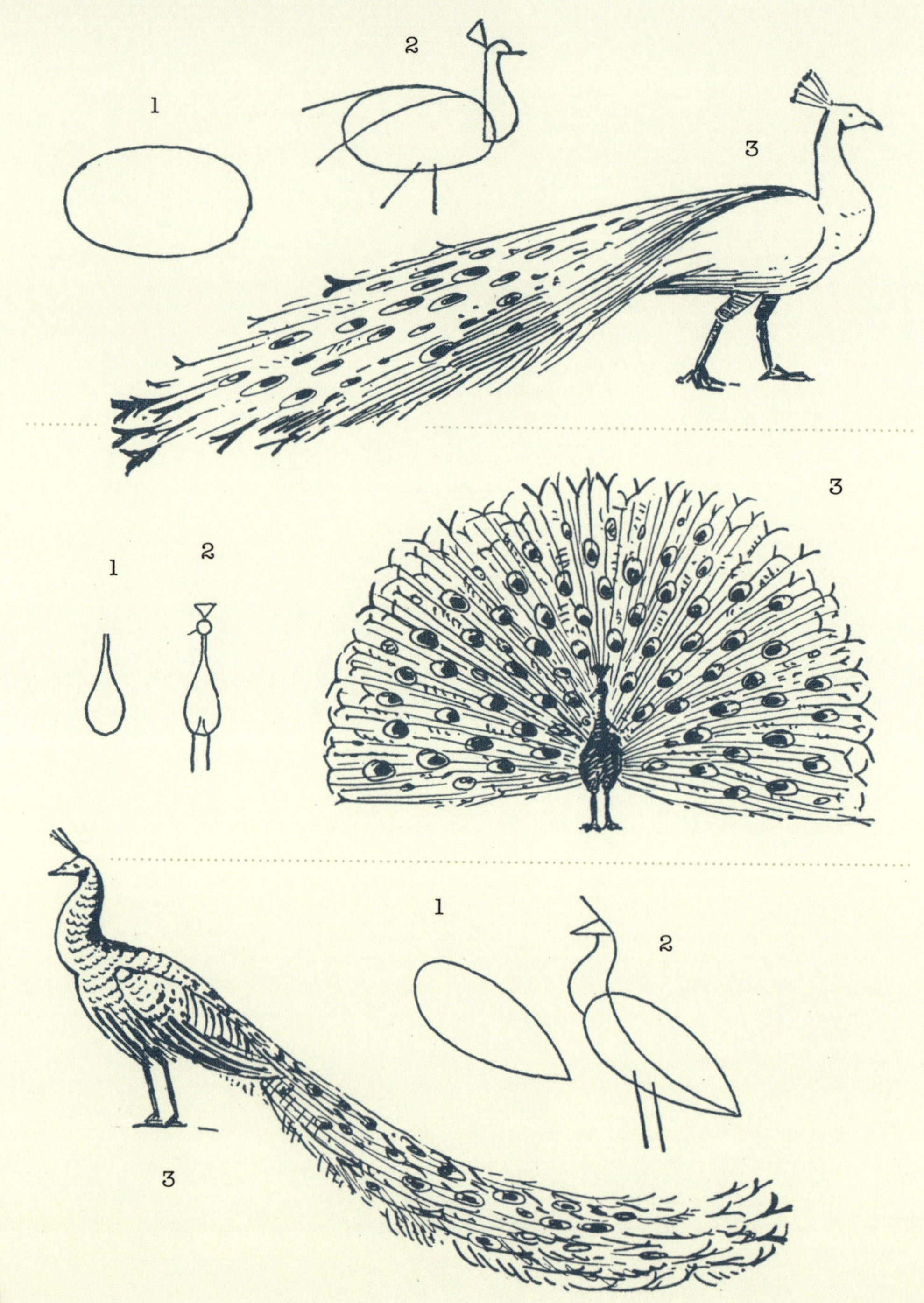
1
2
3
1
2
3
1
2
3

Jetzt bist du dran!

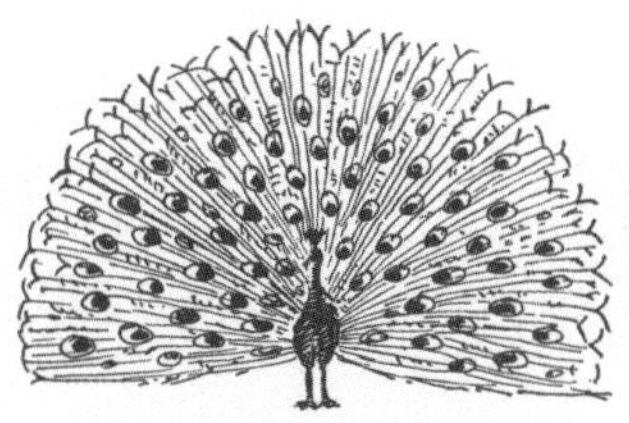

LÖWEN

Dichte Schraffurlinien bilden die Mähne.

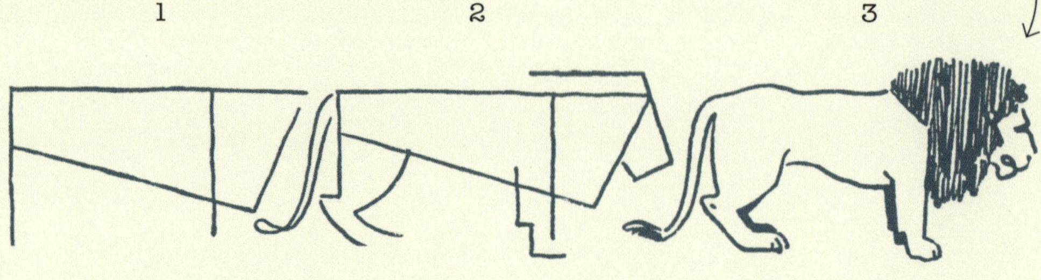

1

2

3

4

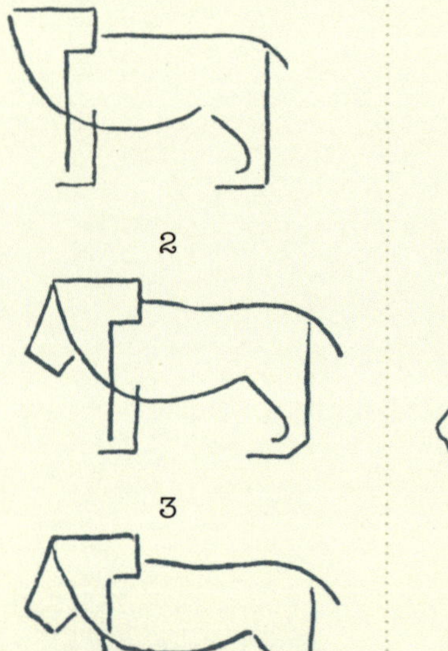

Schattiere die hinteren Beine.

1

Markiere, wo der Schwanz beginnt: nahe dem betrachterseitigen Hinterbein.

2

3

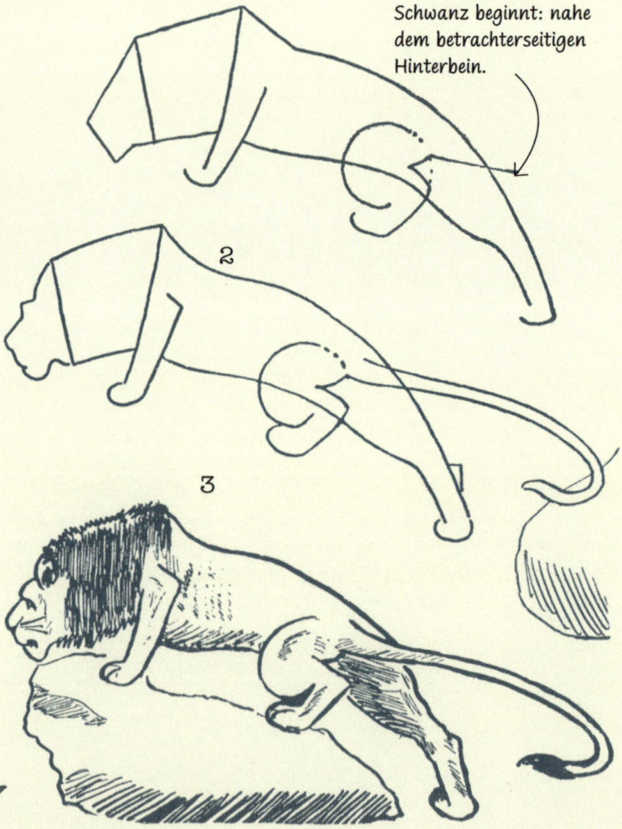

Jetzt bist du dran!

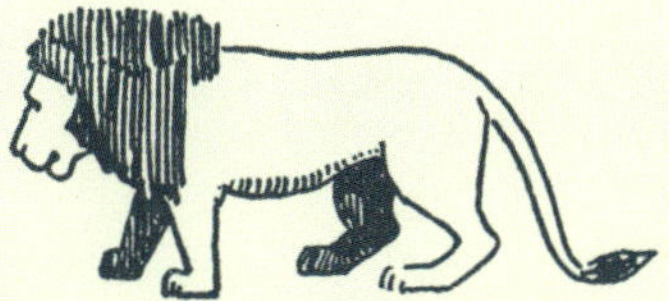

NOCH MEHR LÖWEN

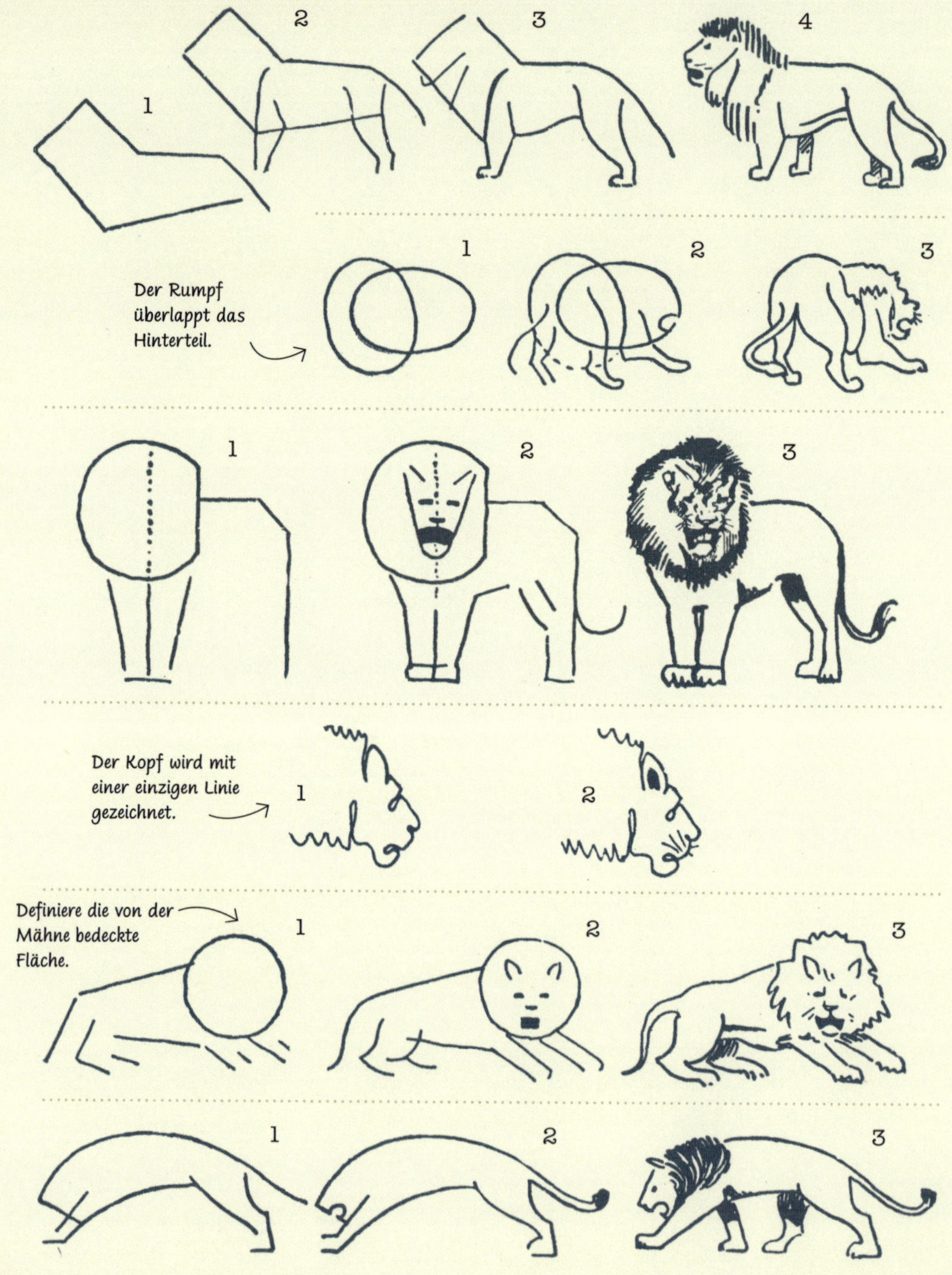

Jetzt bist du dran!

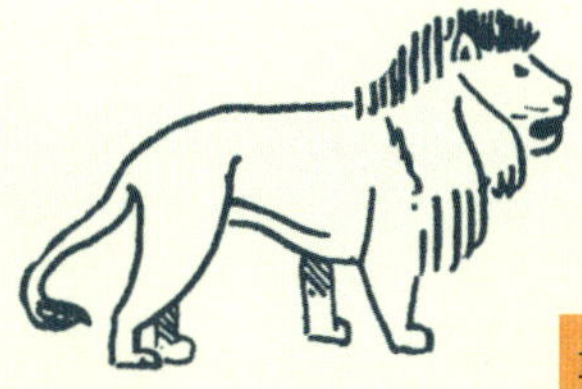

LEOPARD

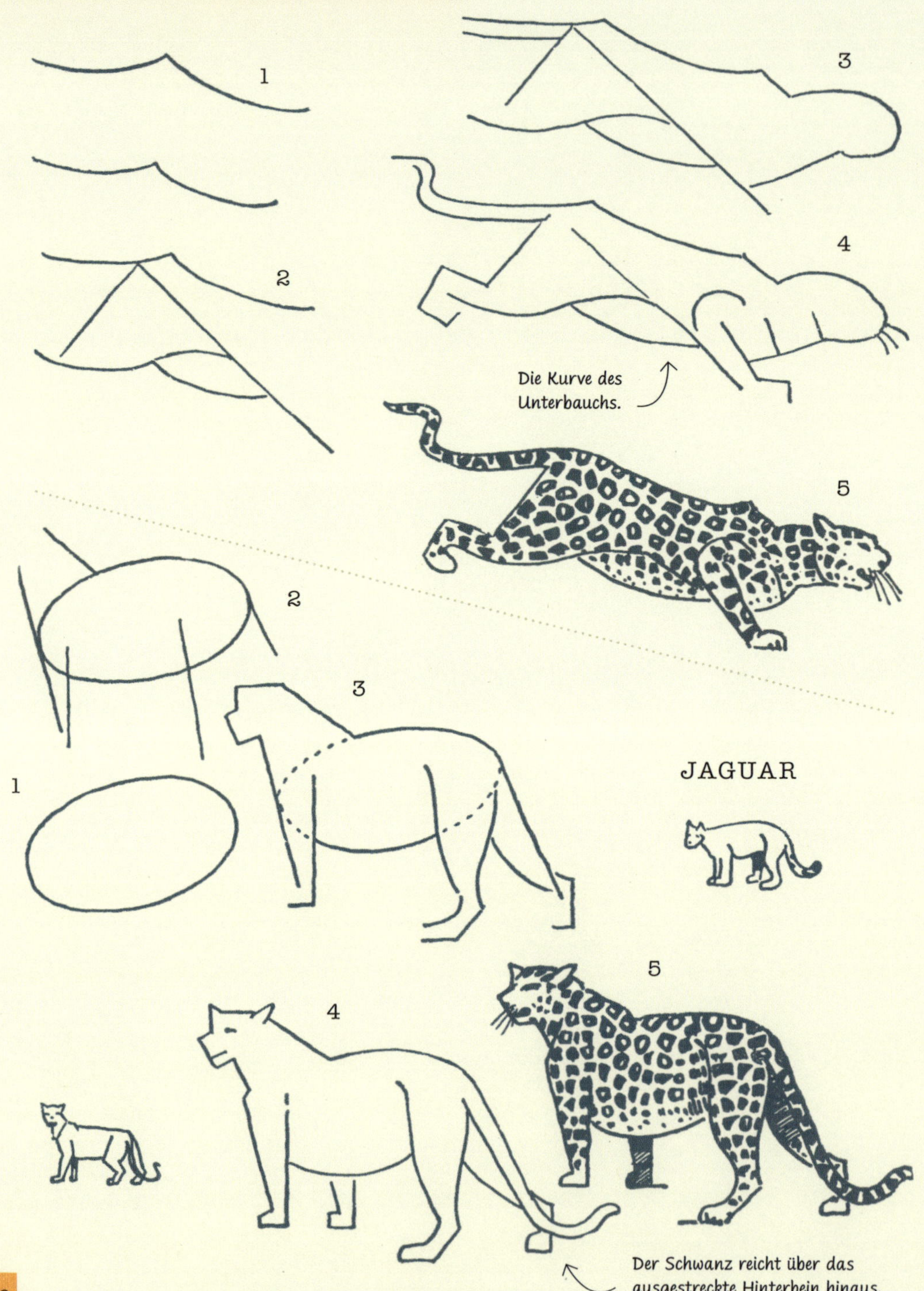
1
2
3
4
Die Kurve des Unterbauchs.
5
2
3
1
JAGUAR
4
5
Der Schwanz reicht über das ausgestreckte Hinterbein hinaus.

Jetzt bist du dran!

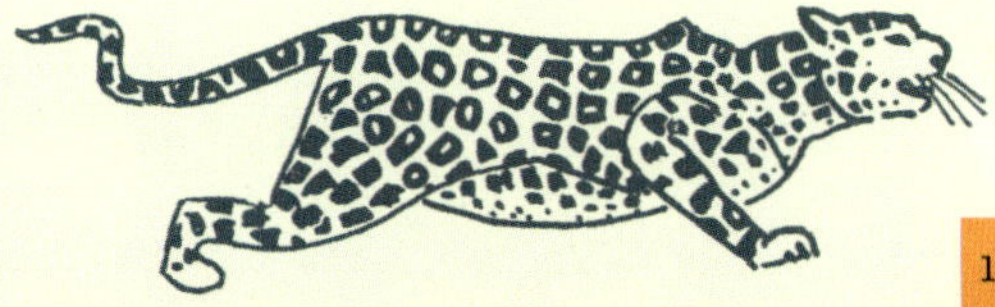

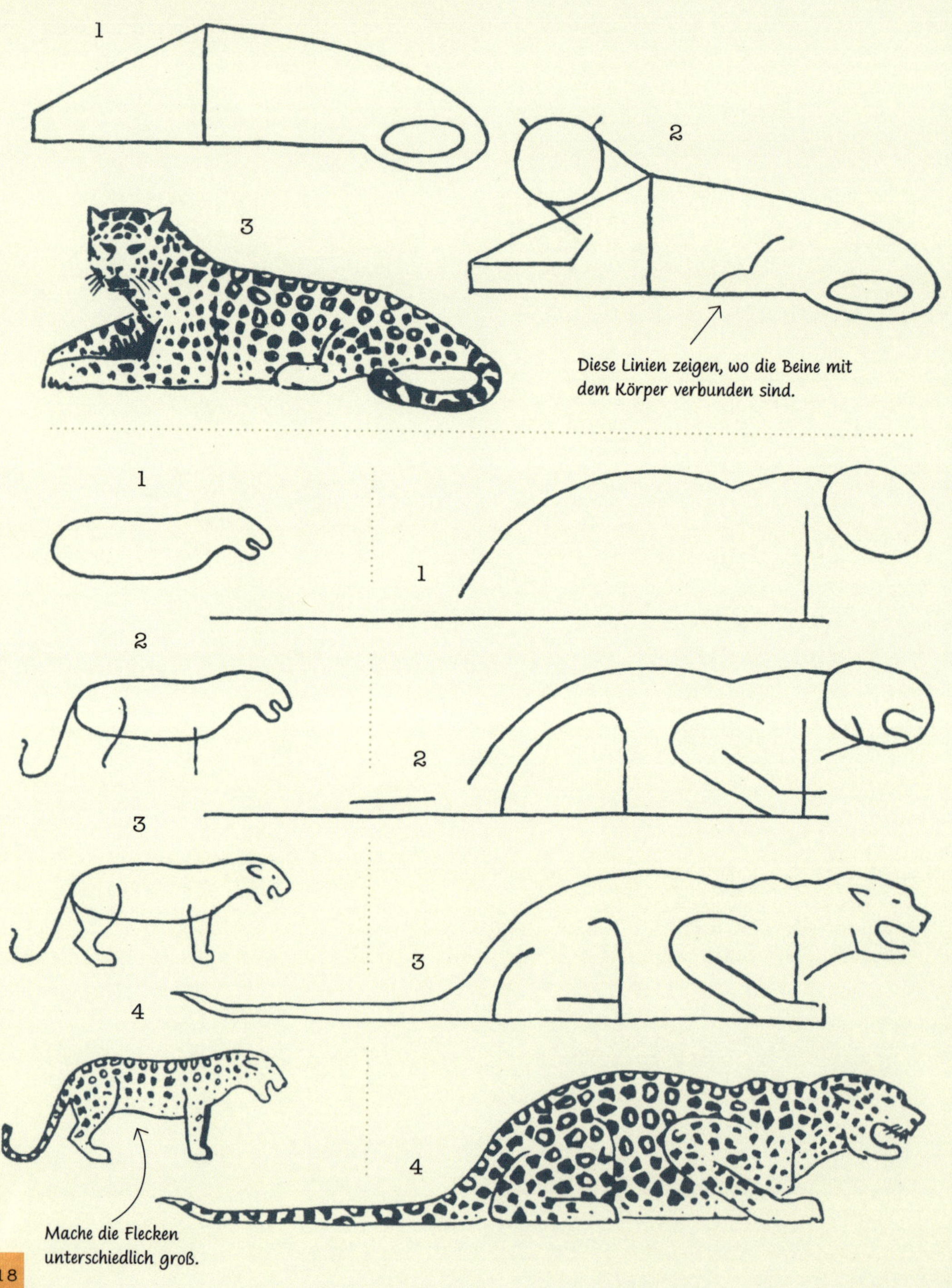
1
2
3
Diese Linien zeigen, wo die Beine mit dem Körper verbunden sind.
1
1
2
2
3
3
4
4
Mache die Flecken unterschiedlich groß.

Jetzt bist du dran!

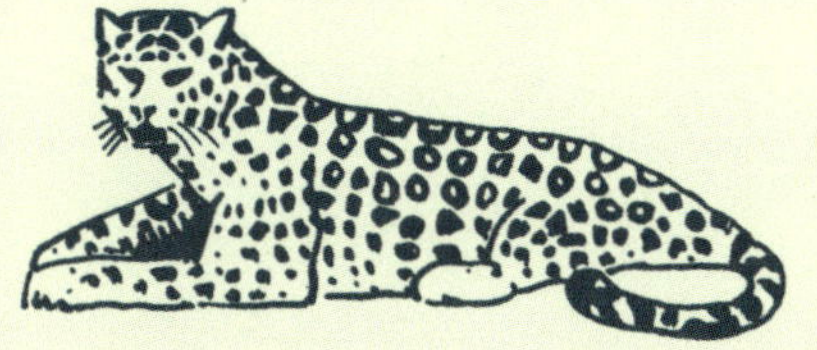

TIGER

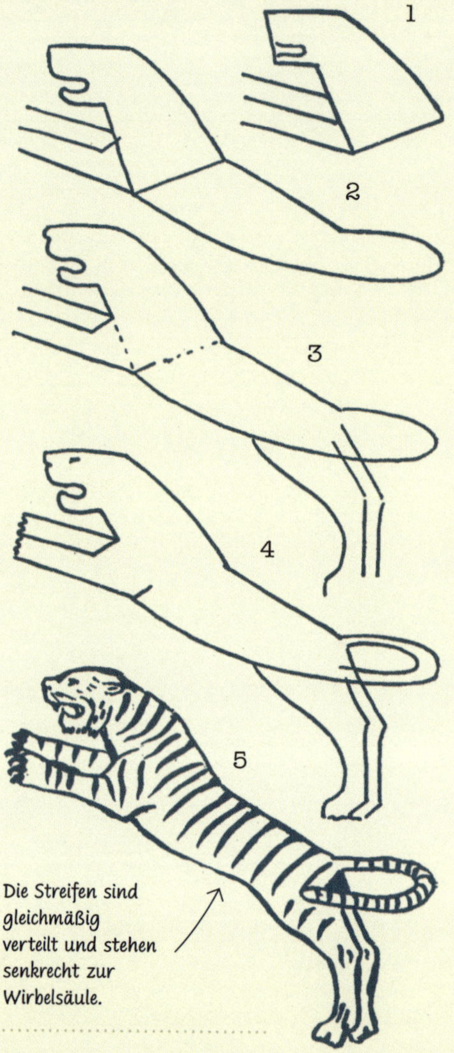

1

2

3

4

5

Die Streifen sind gleichmäßig verteilt und stehen senkrecht zur Wirbelsäule.

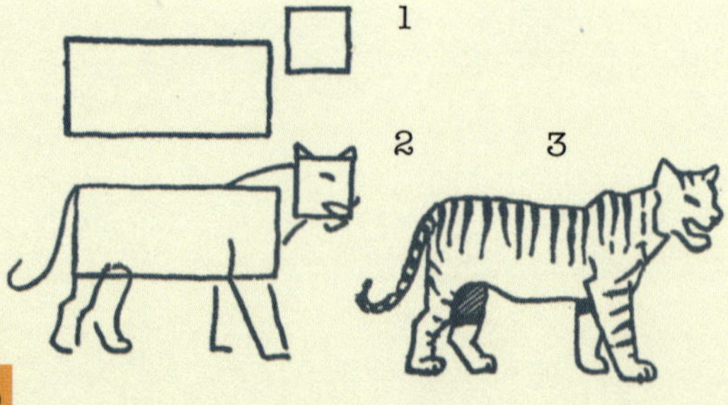

1

2

3

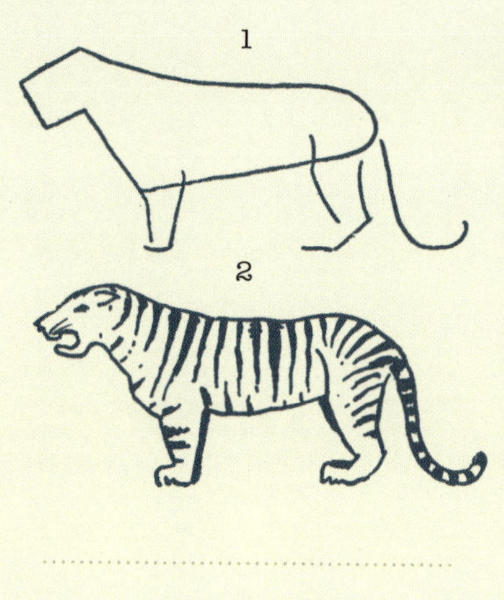

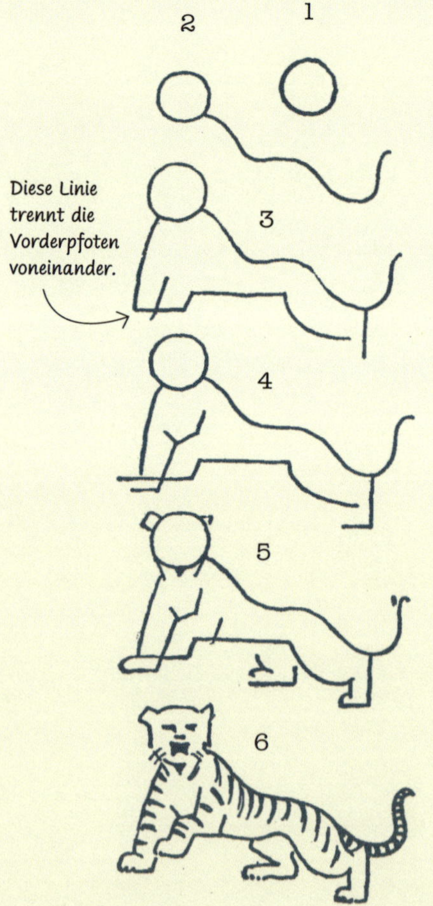

Jetzt bist du dran!

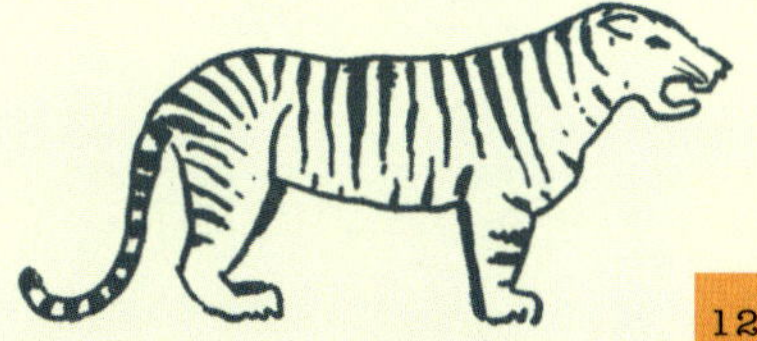

FLUSSPFERDE

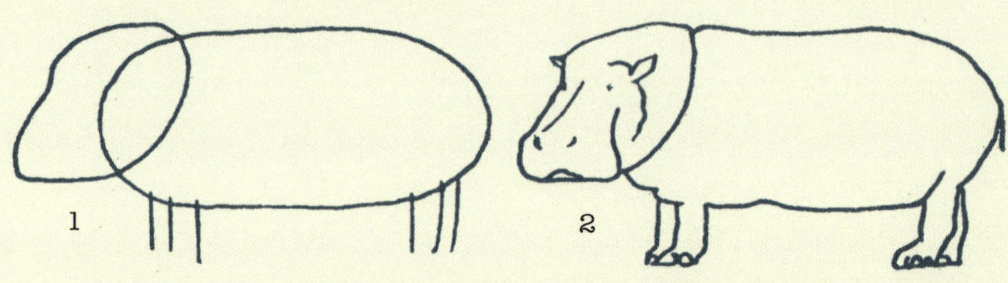

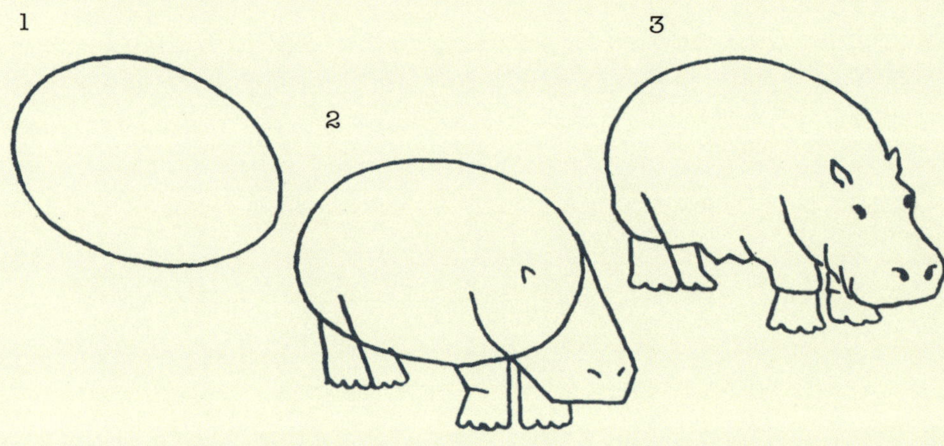

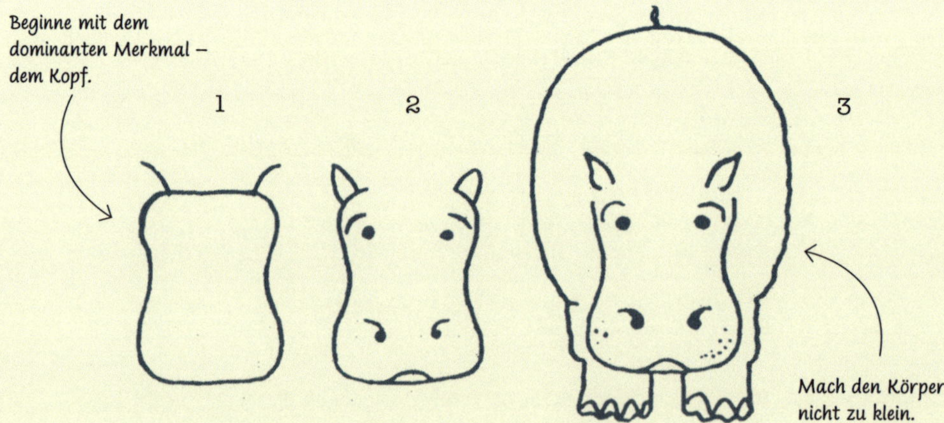

Jetzt bist du dran!

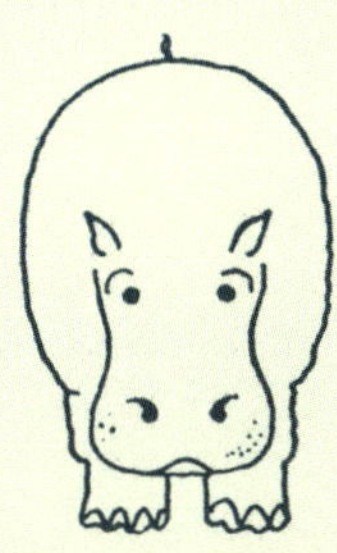

NASHÖRNER

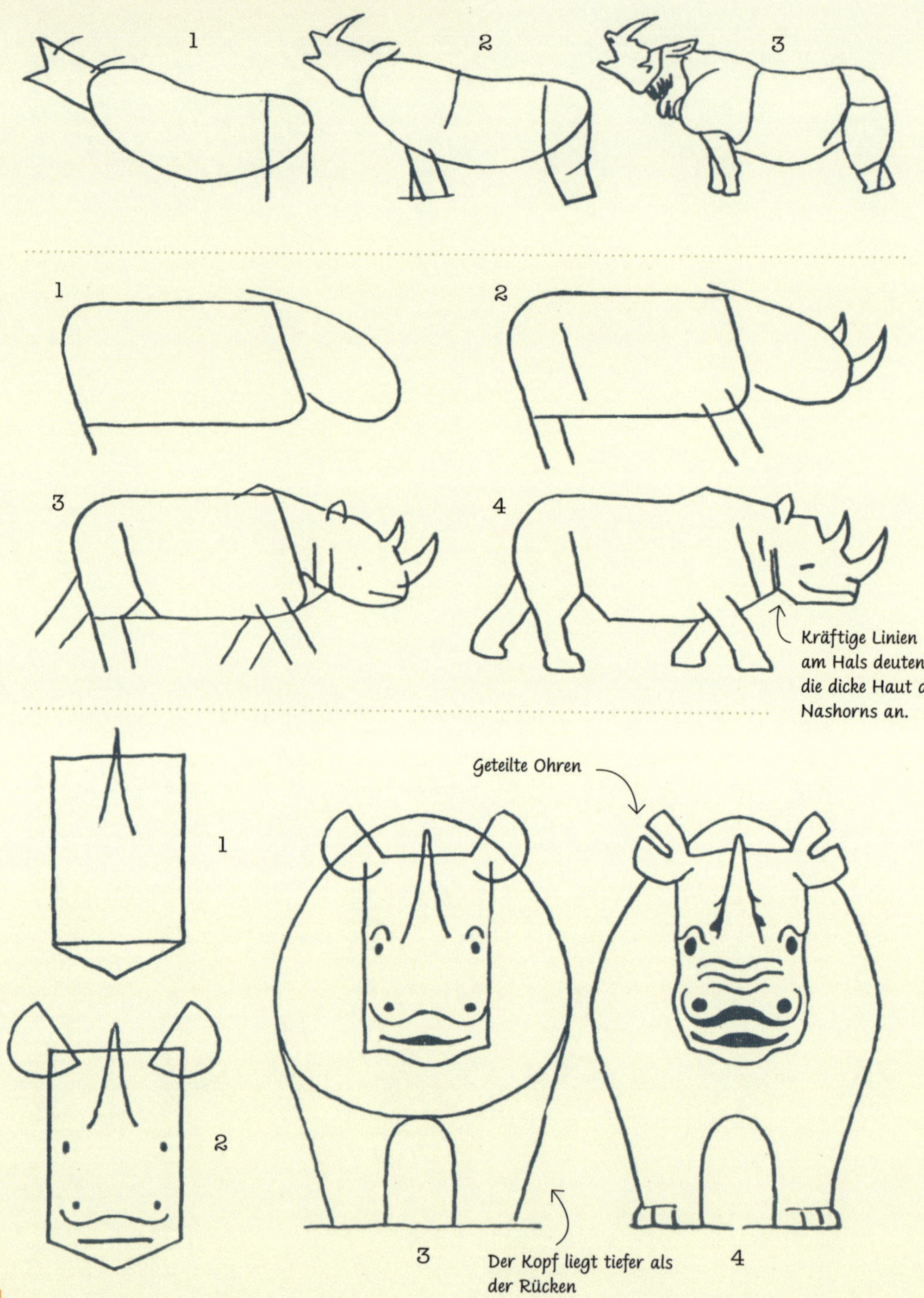
1
2
3
1
2
3
4
Kräftige Linien am Hals deuten die dicke Haut des Nashorns an.
1
Geteilte Ohren
2
3
Der Kopf liegt tiefer als der Rücken
4

Jetzt bist du dran!

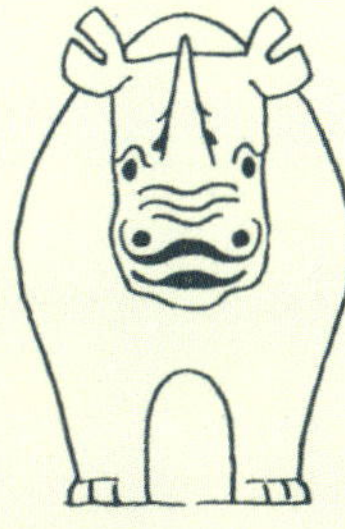

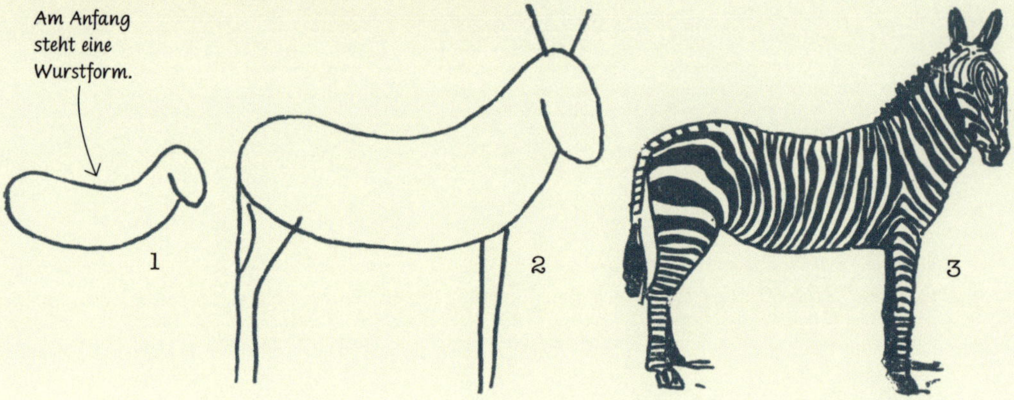

Am Anfang steht eine Wurstform.

1

2

3

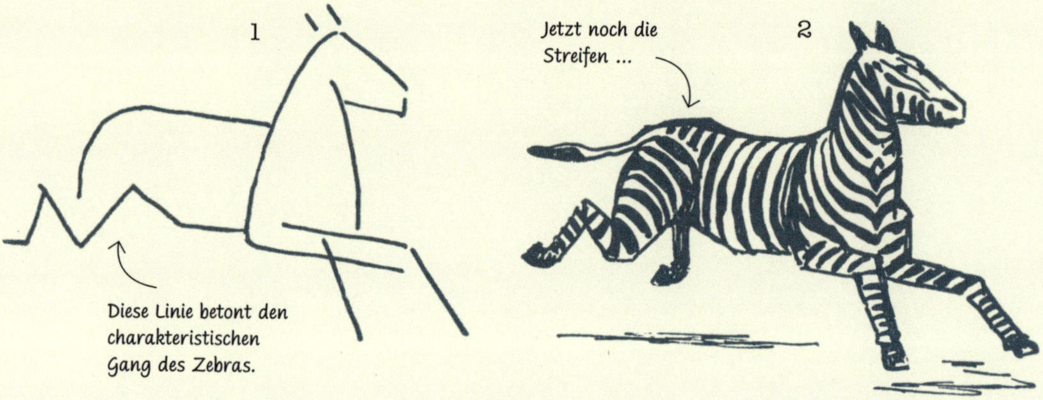

Jetzt noch die Streifen ...

1

2

Diese Linie betont den charakteristischen Gang des Zebras.

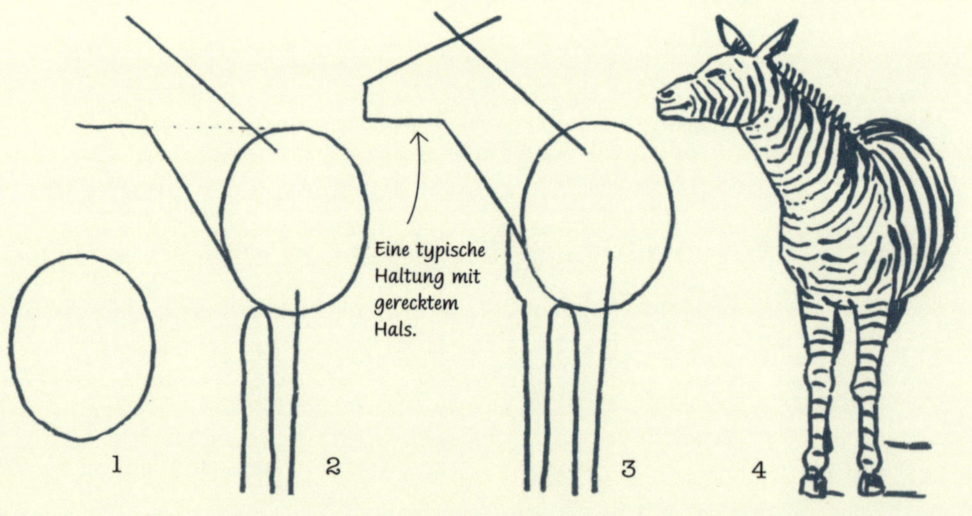

Jetzt bist du dran!

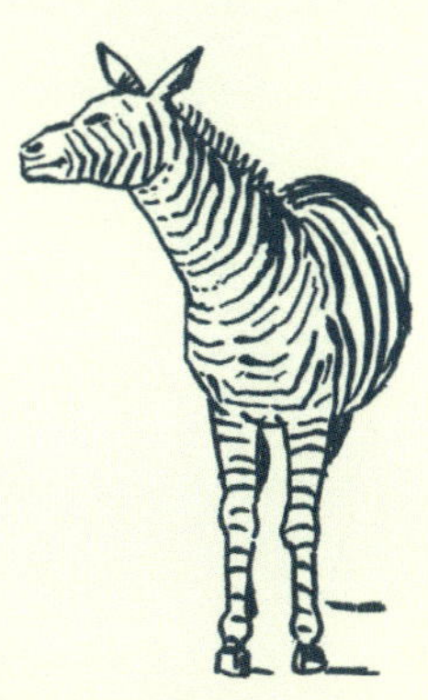

AFFEN

SCHIMPANSE

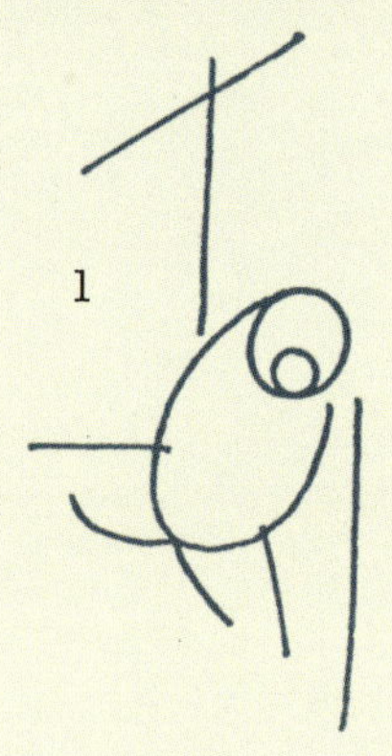

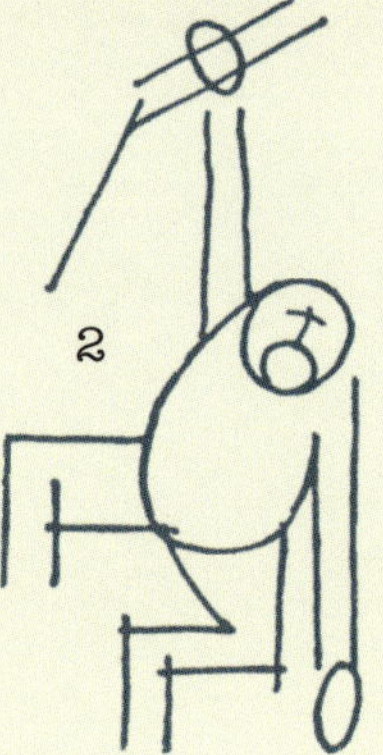

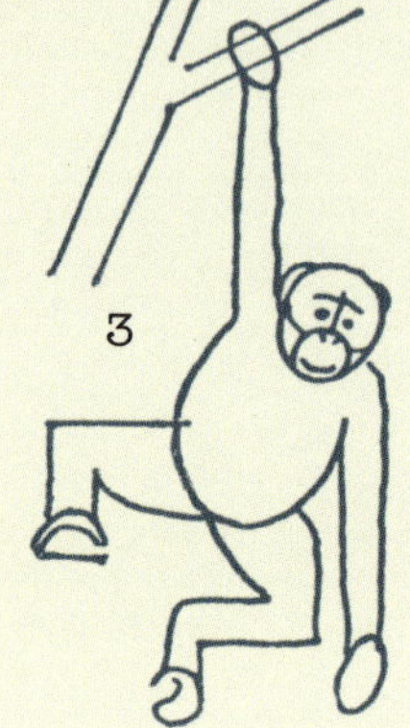

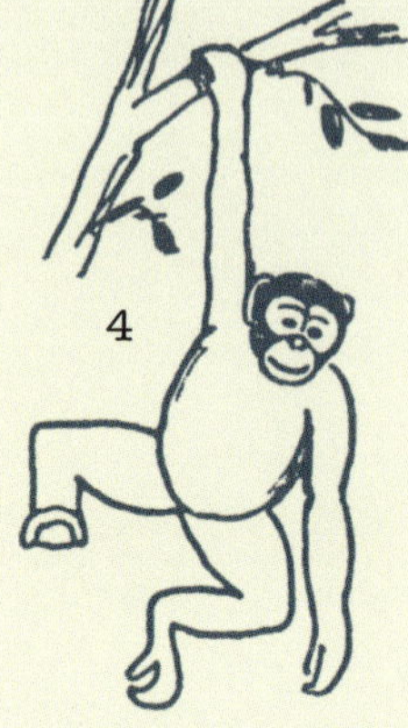

SEIDENÄFFCHEN

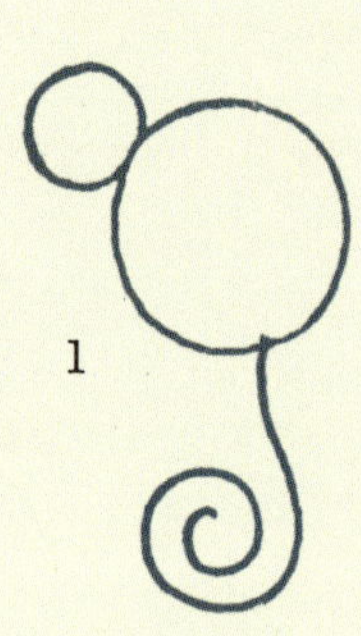

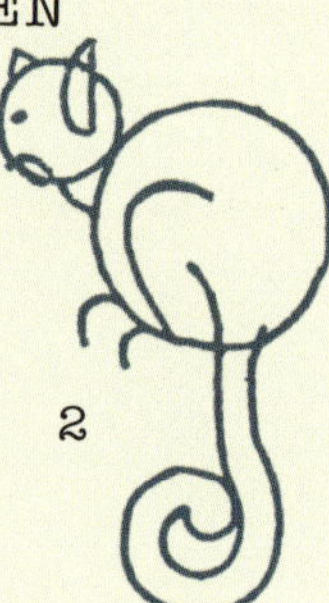

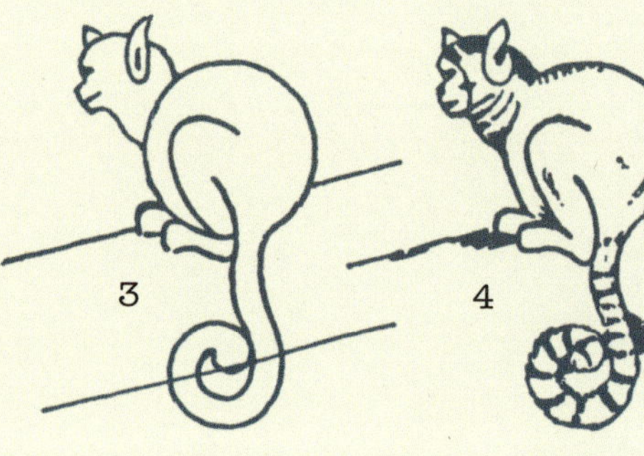

GIBBON

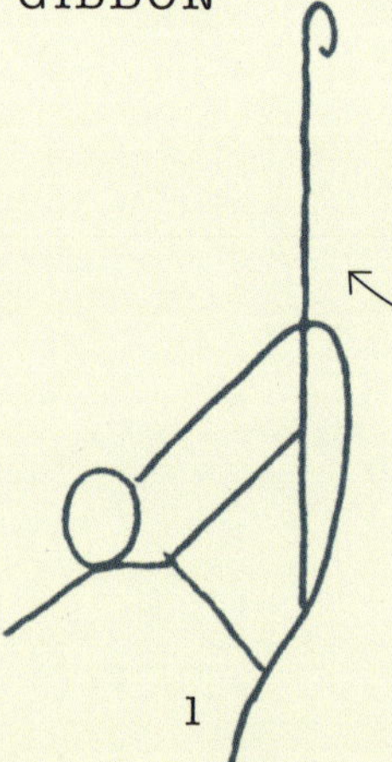

Der Schwanz ist völlig senkrecht und trägt das gesamte Gewicht des Tieres, das Arme und Beine in alle Richtungen streckt.

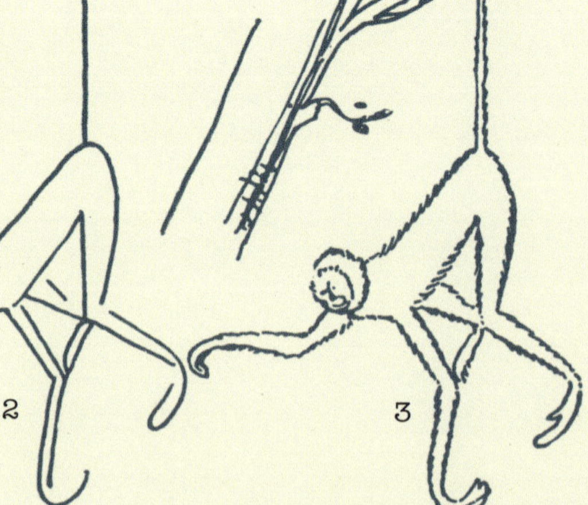

Jetzt bist du dran!

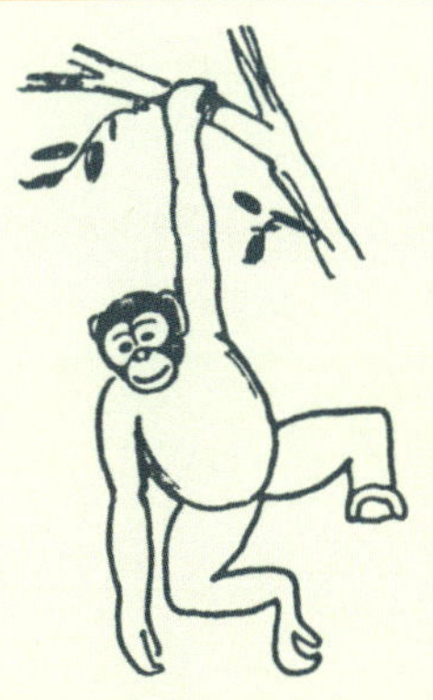

BISONS

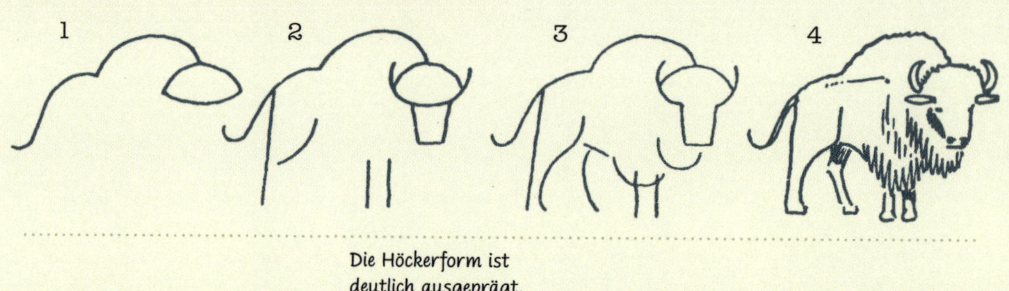

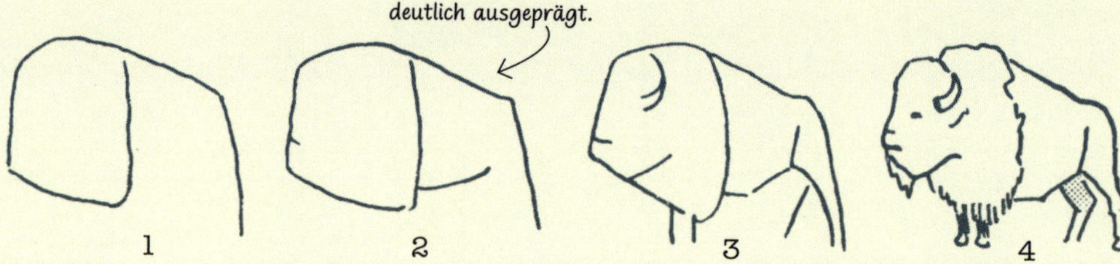

BÜFFEL

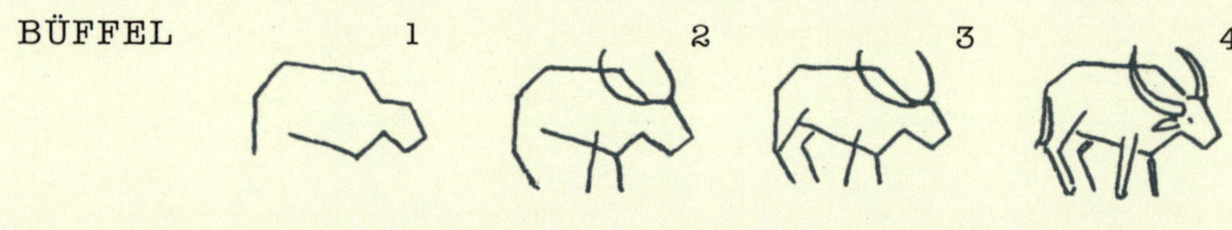

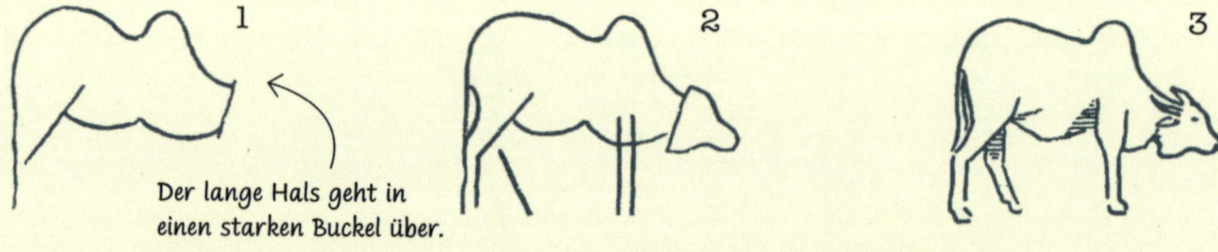

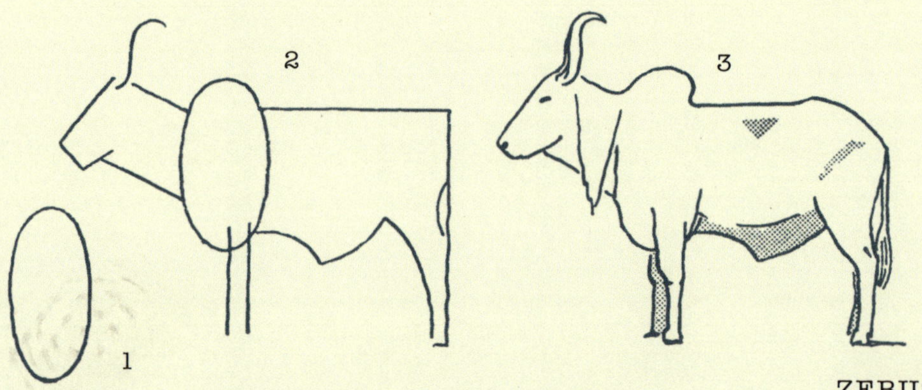

ZEBUS

Jetzt bist du dran!

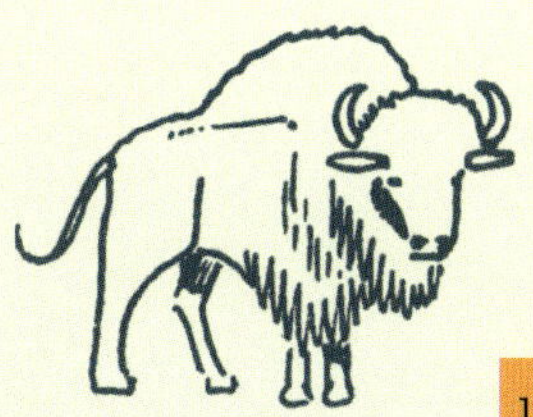

HYÄNEN

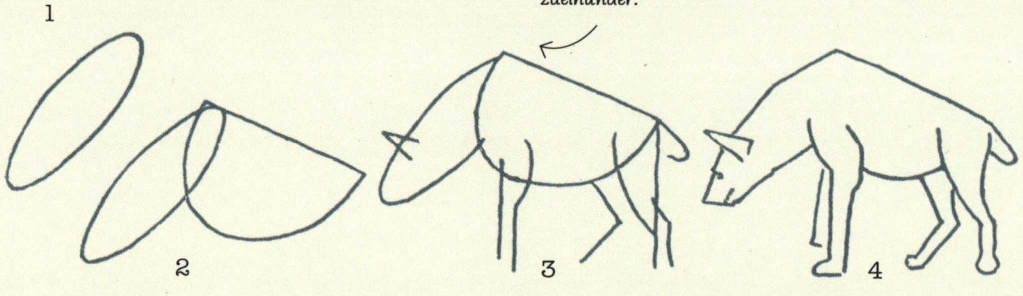

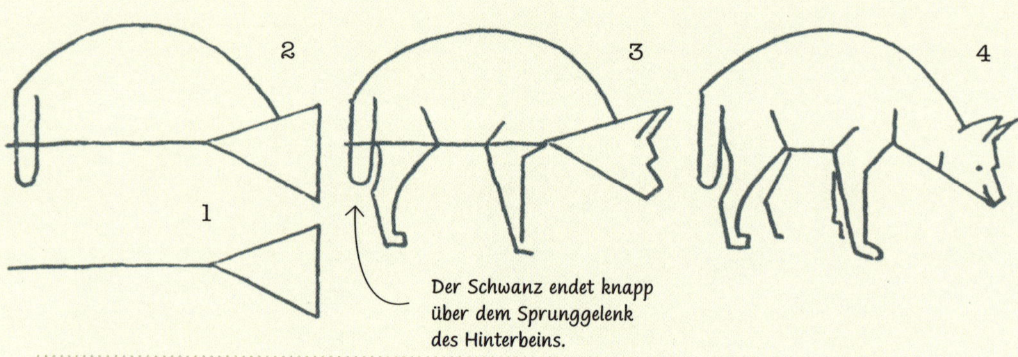

SCHAKALE

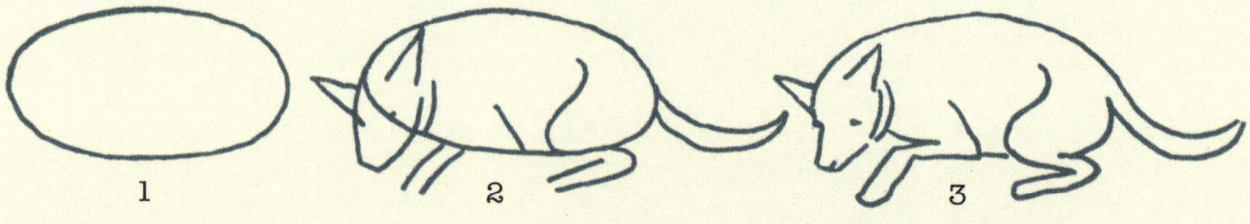

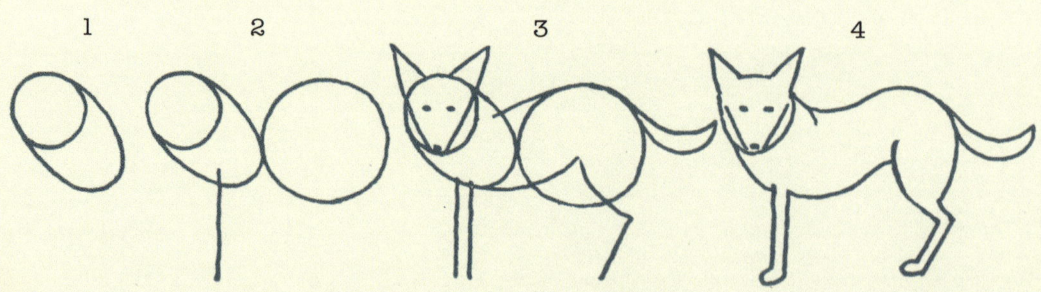

Jetzt bist du dran!

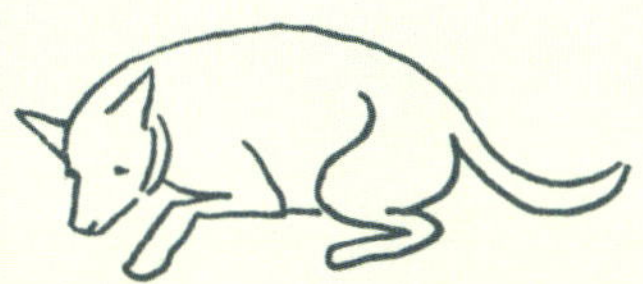

LUCHSE

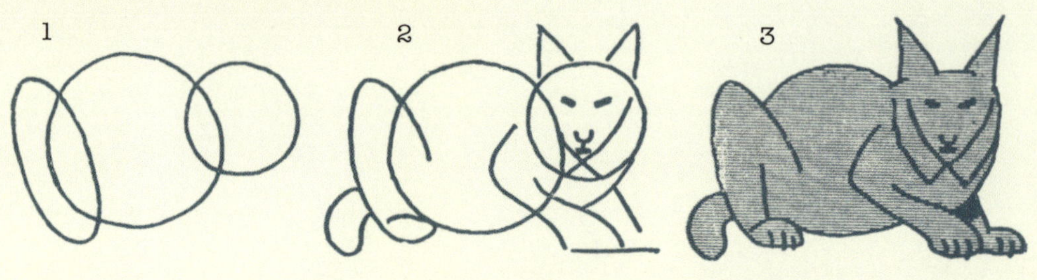

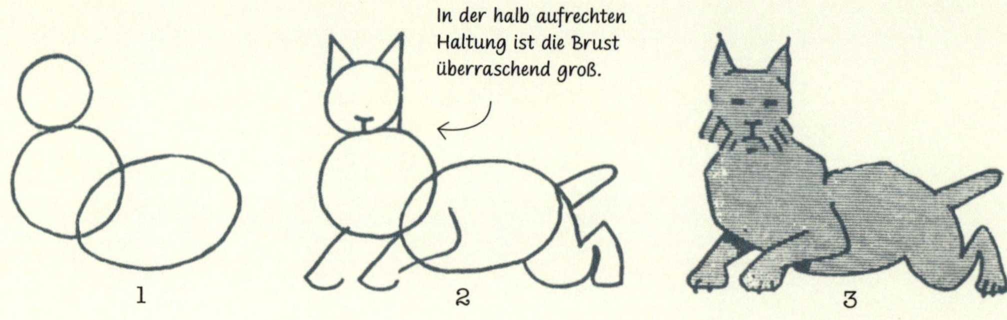

GEPARDEN

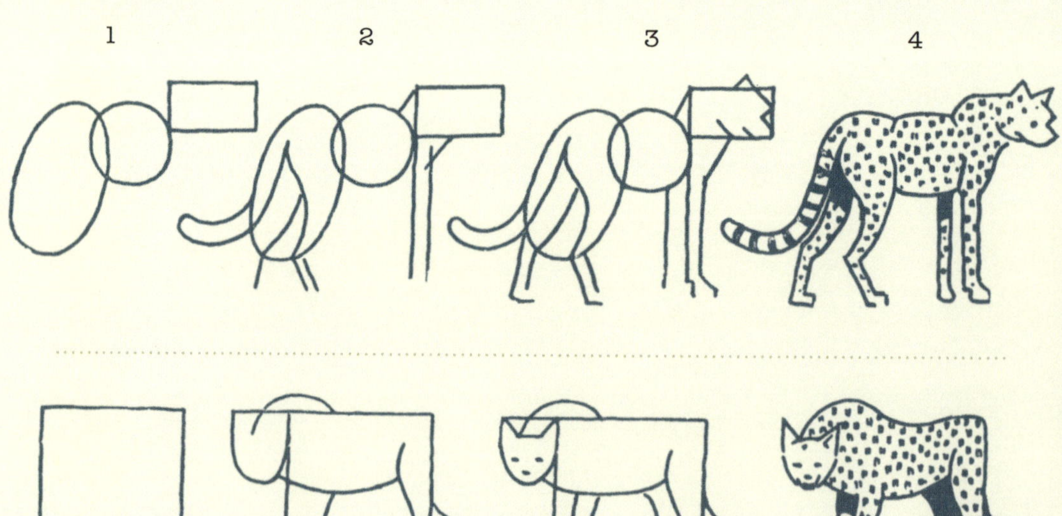

Jetzt bist du dran!

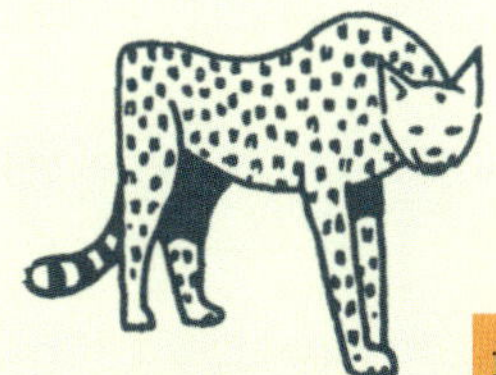

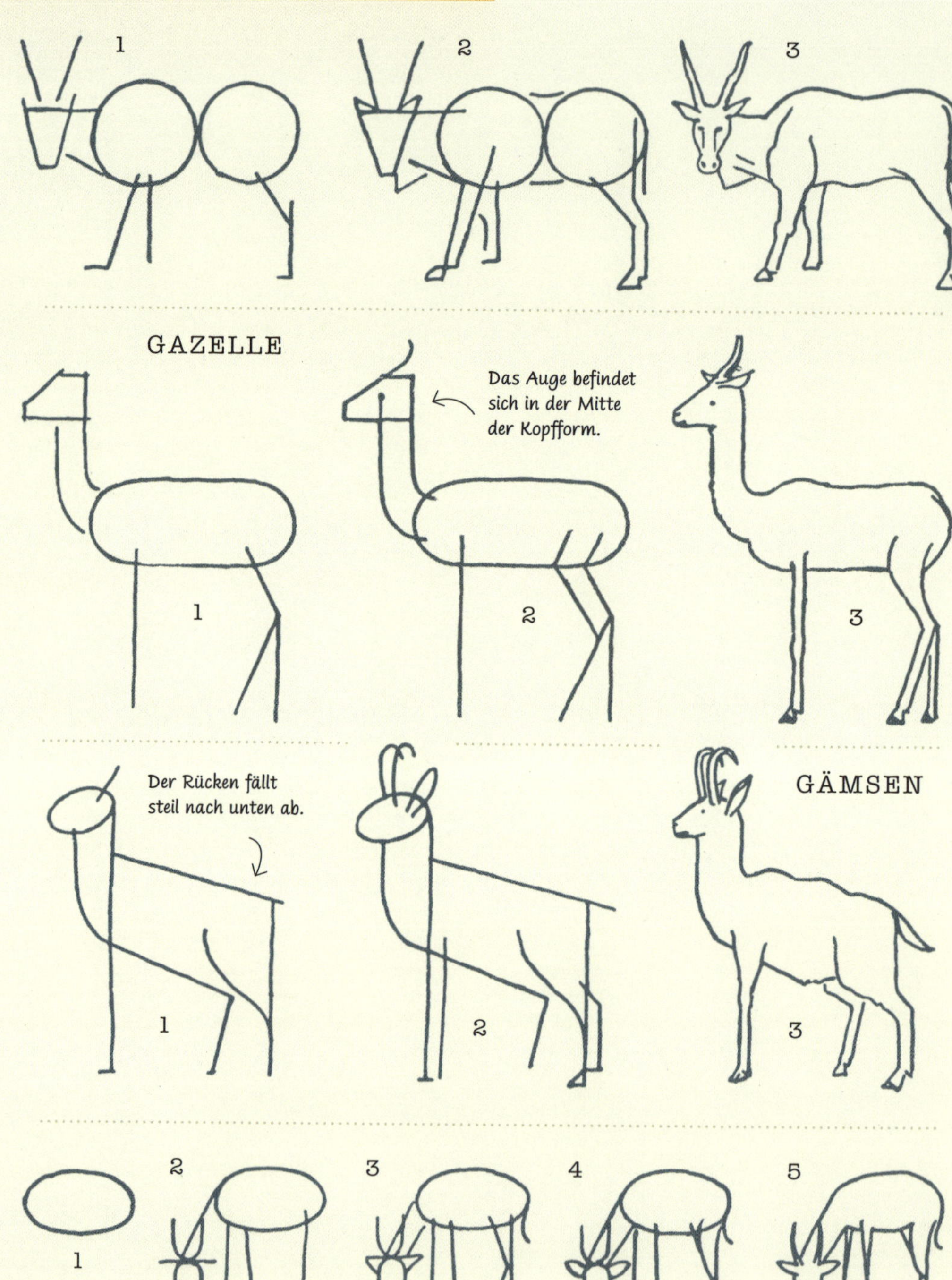
ANTILOPE
1
2
3
GAZELLE
Das Auge befindet sich in der Mitte der Kopfform.
1
2
3
Der Rücken fällt steil nach unten ab.
GÄMSEN
1
2
3
1
2
3
4
5

Jetzt bist du dran!

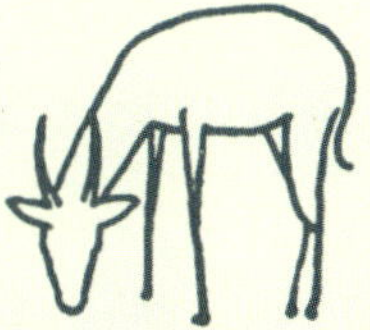

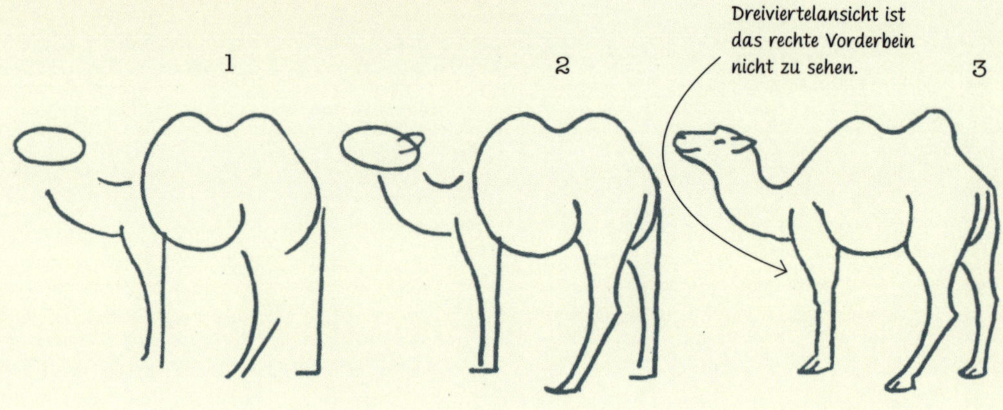
1
2
In dieser Dreiviertelansicht ist das rechte Vorderbein nicht zu sehen.
3

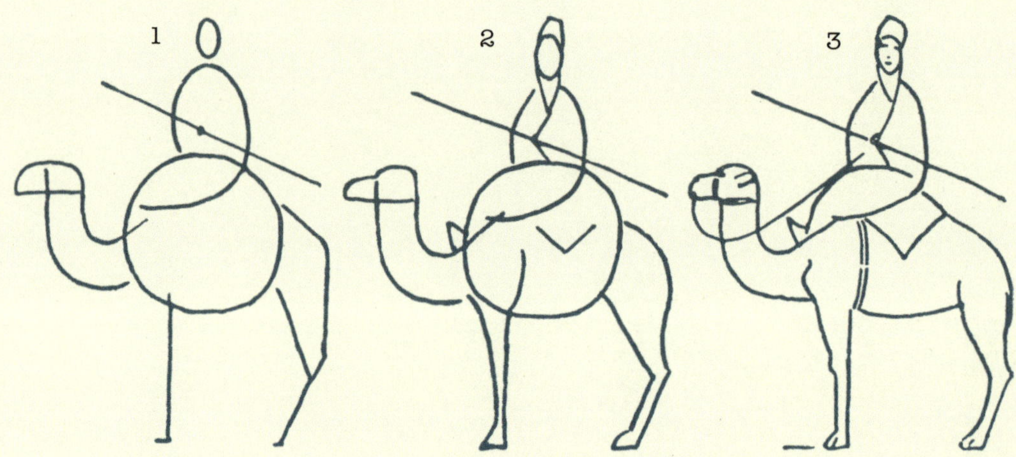
1
2
3

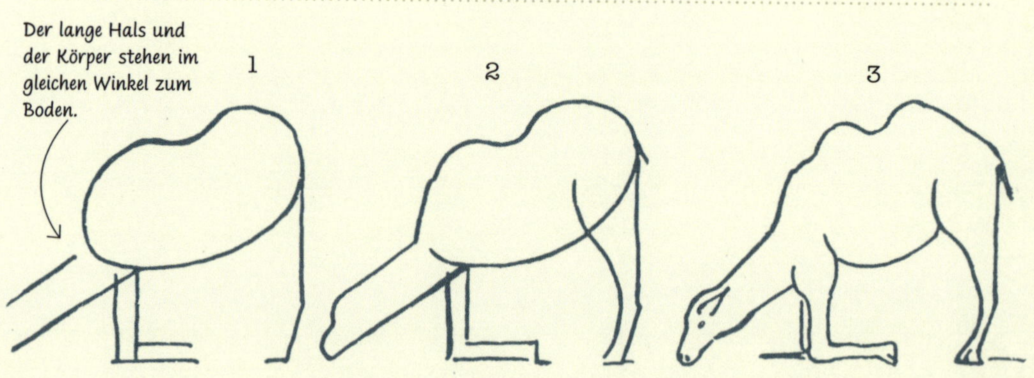
Der lange Hals und der Körper stehen im gleichen Winkel zum Boden.
1
2
3

Jetzt bist du dran!

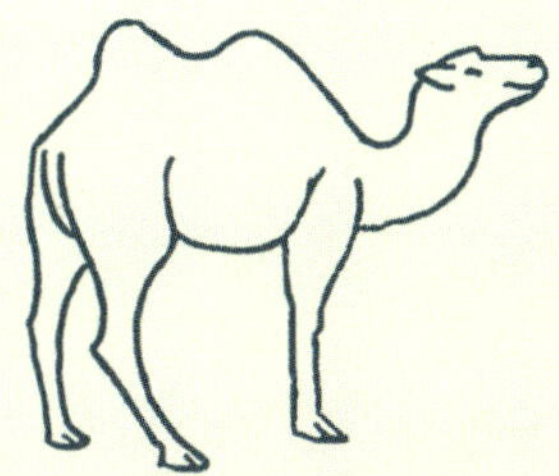

GIRAFFEN

1 2 3

Runde das Dreieck der Brust ab.

1 2 3

Die Vorderbeine sind gerade, die Hinterbeine abgewinkelt.

1 2 3

Beachte, wie verkürzt die Hinterbeine sind.

Jetzt bist du dran!

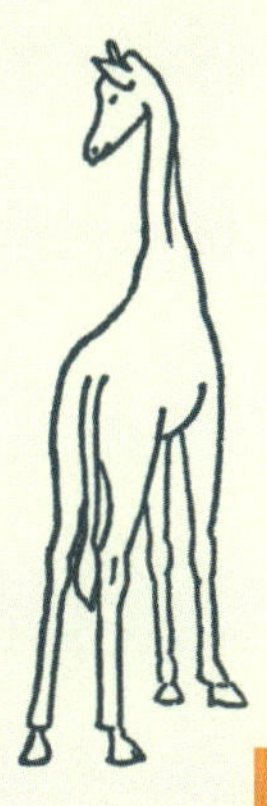

ELEFANTEN

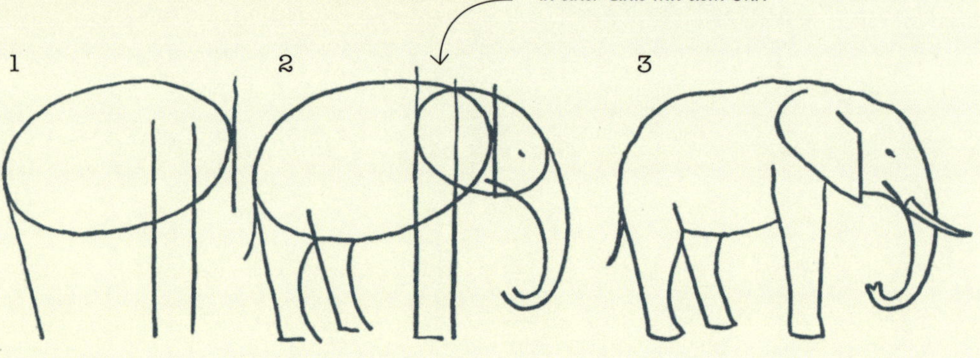
Das rechte Vorderbein steht in einer Linie mit dem Ohr.
1
2
3

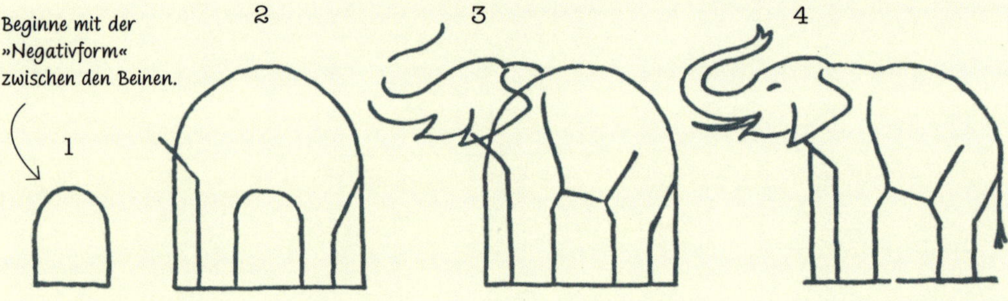
Beginne mit der »Negativform« zwischen den Beinen.
1
2
3
4

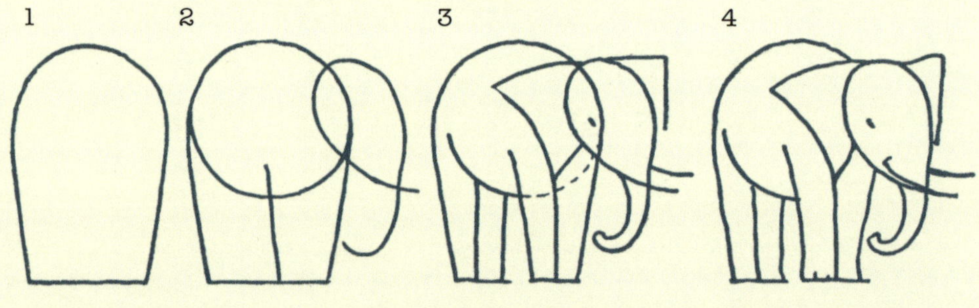
1
2
3
4

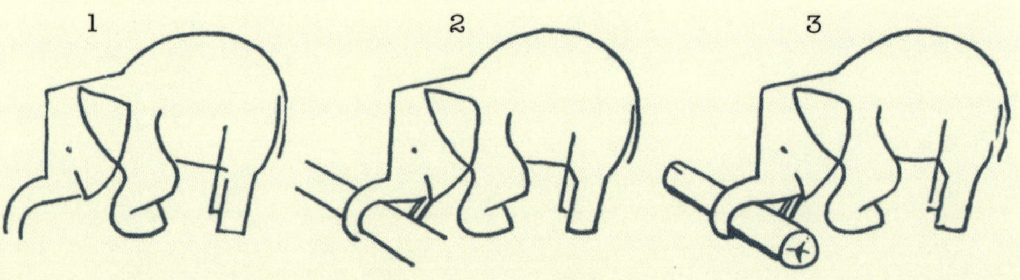
1
2
3

Jetzt bist du dran!

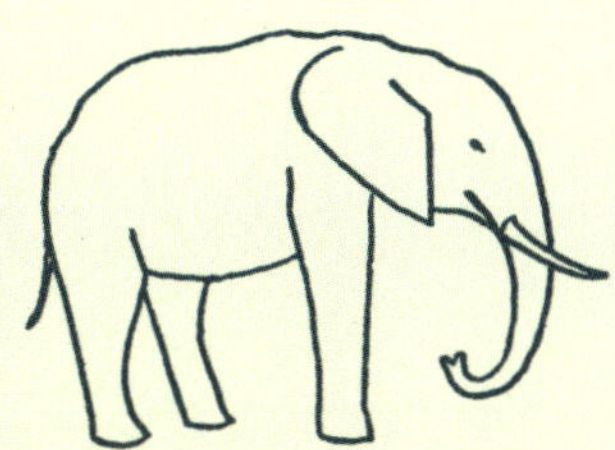

KÄNGURUS

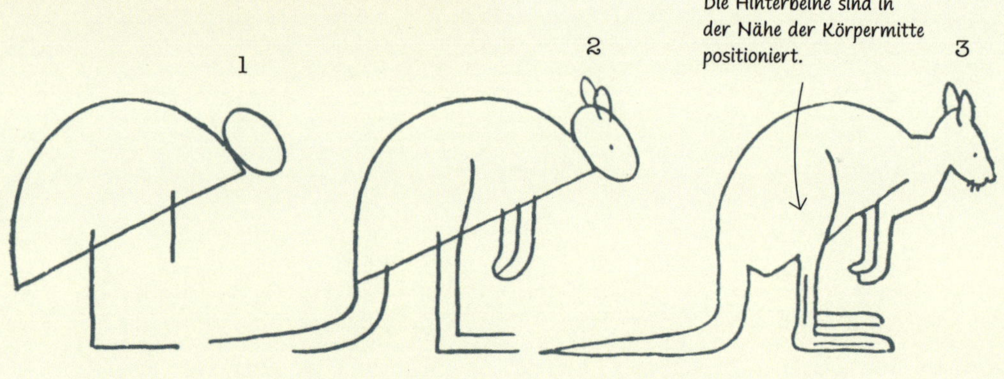

1
2
Die Hinterbeine sind in der Nähe der Körpermitte positioniert.
3

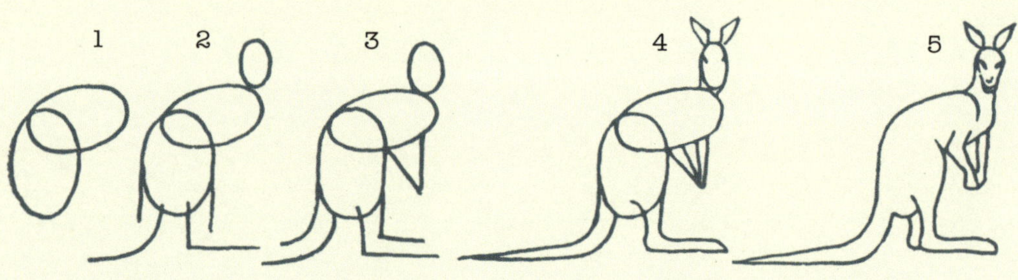

1
2
3
4
5

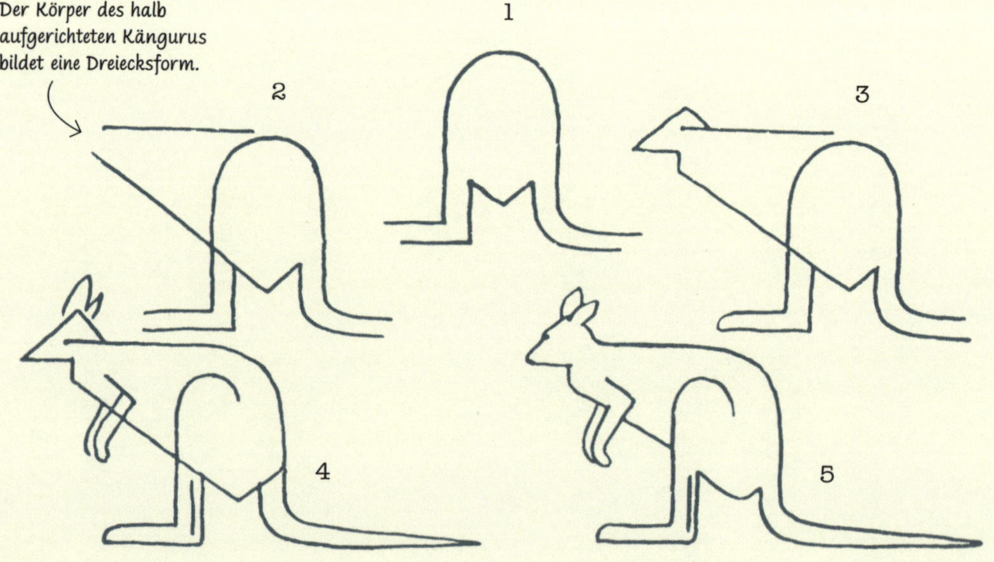

Der Körper des halb aufgerichteten Kängurus bildet eine Dreiecksform.
1
2
3
4
5

Jetzt bist du dran!

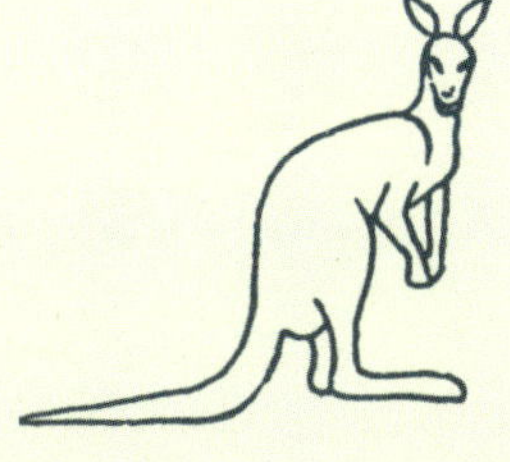

ECHSEN UND KROKODILE

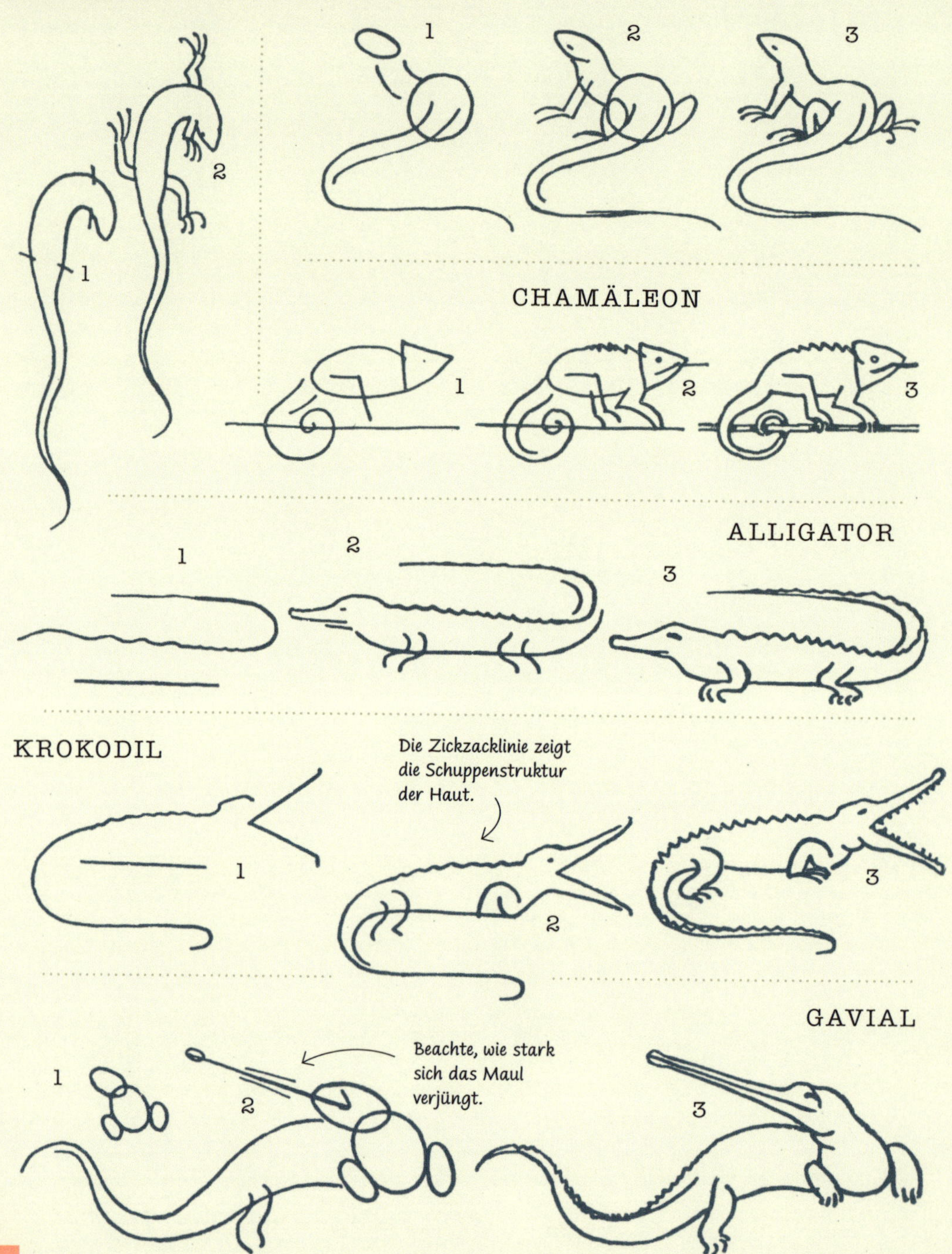

Jetzt bist du dran!

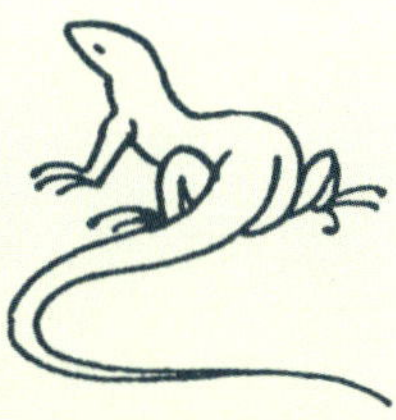

SÜSSWASSERSCHILDKRÖTEN

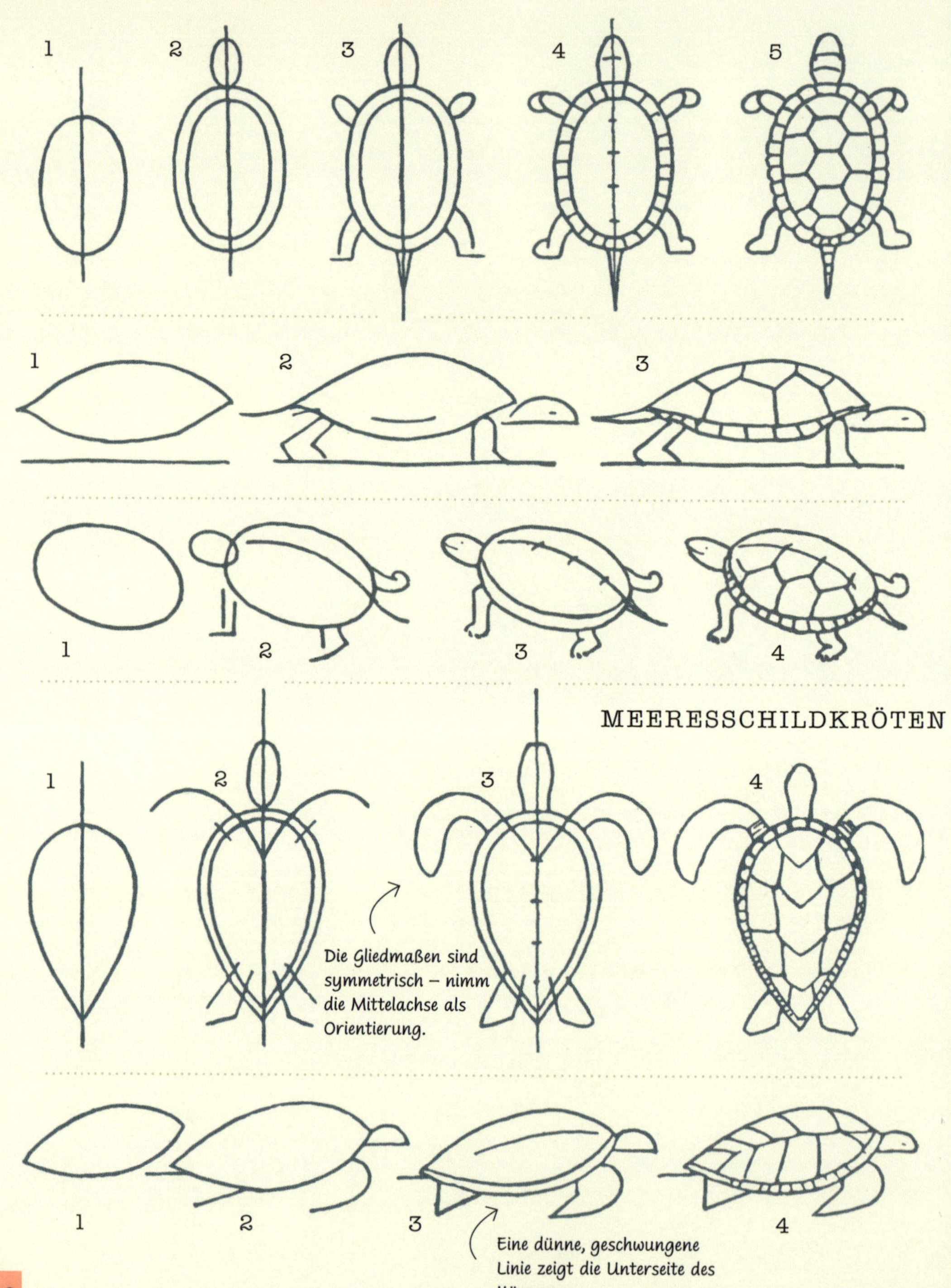

Jetzt bist du dran!

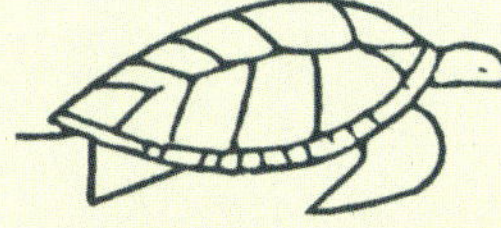

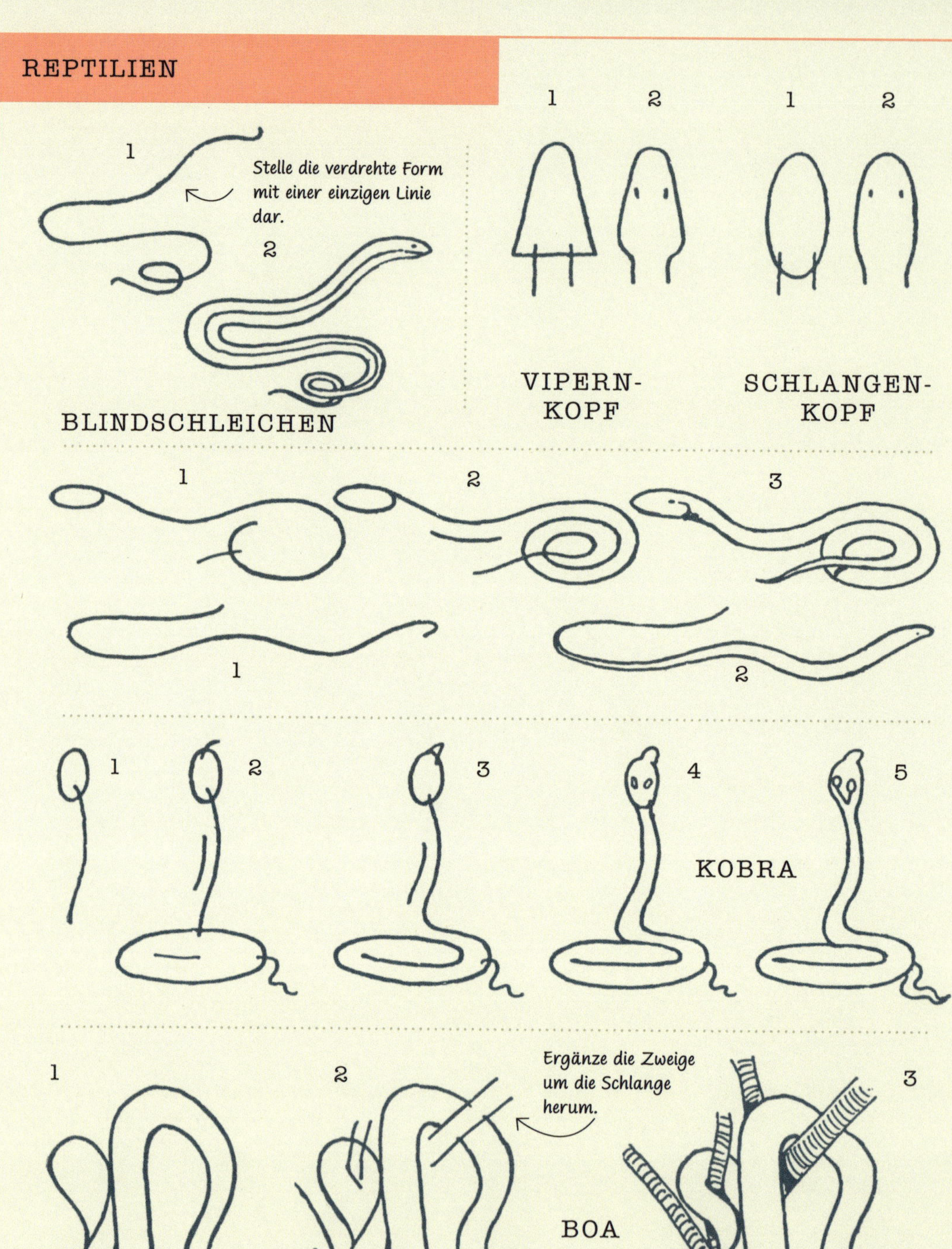
1
Stelle die verdrehte Form mit einer einzigen Linie dar.
2
BLINDSCHLEICHEN
1
2
1
2
VIPERN-
KOPF
SCHLANGEN-
KOPF
1
2
3
1
2
1
2
3
4
5
KOBRA
1
2
Ergänze die Zweige um die Schlange herum.
3
BOA

Jetzt bist du dran!

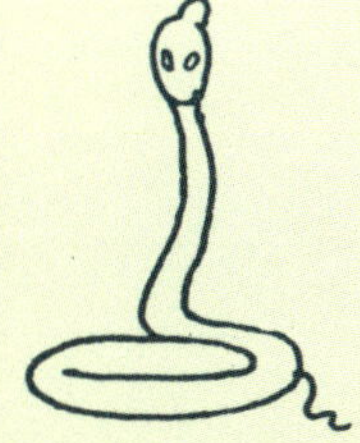

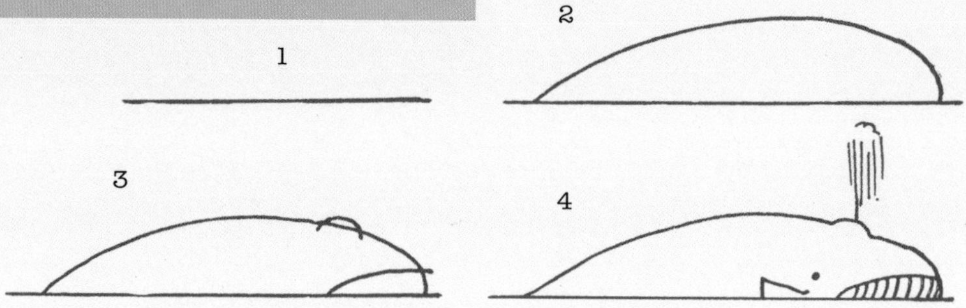

WALE

1

2

3

4

1

2

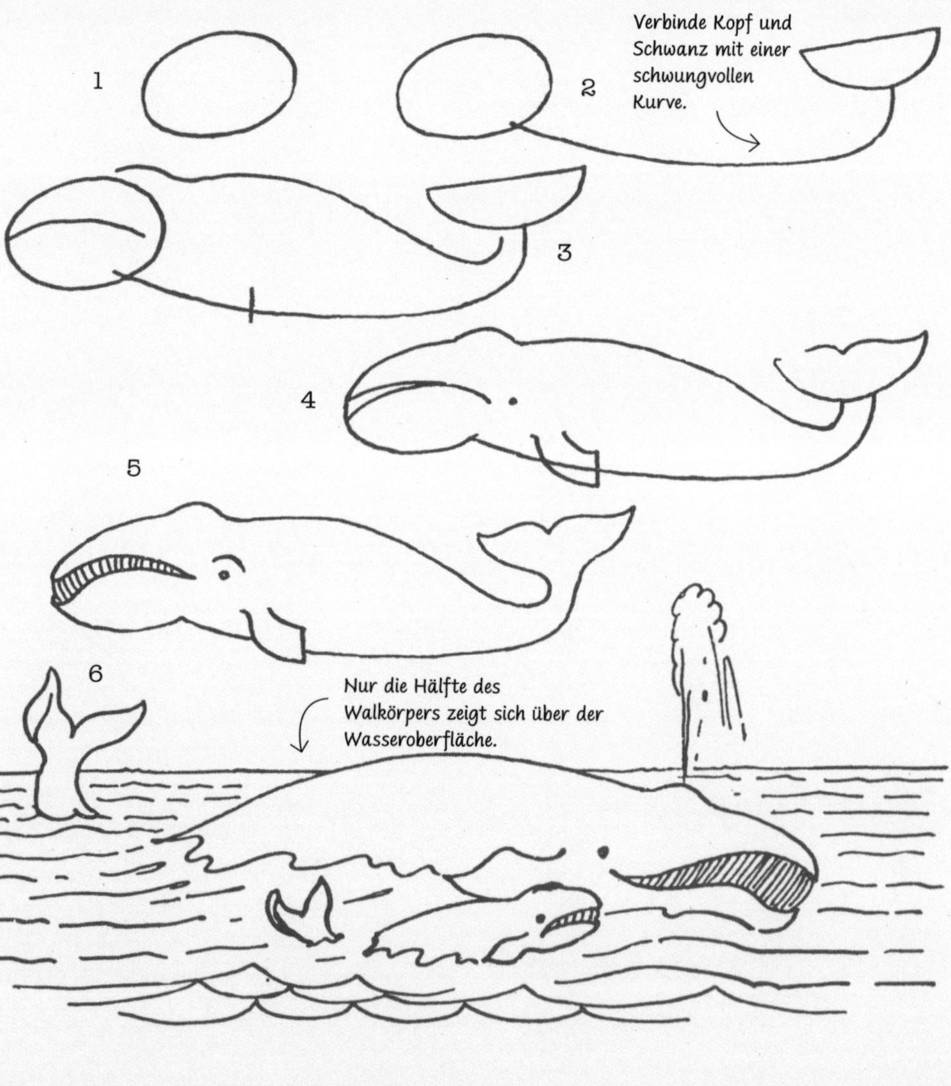

Verbinde Kopf und Schwanz mit einer schwungvollen Kurve.

3

4

5

6

Nur die Hälfte des Walkörpers zeigt sich über der Wasseroberfläche.

Jetzt bist du dran!

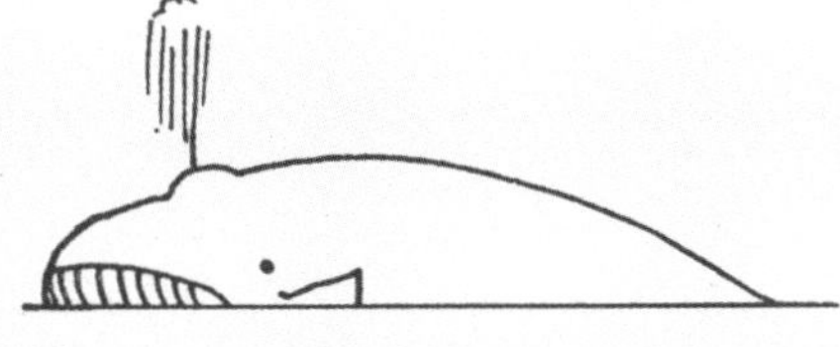

WALROSSE

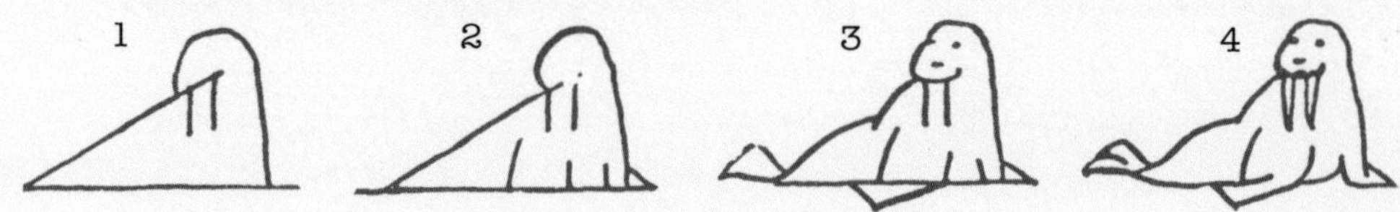

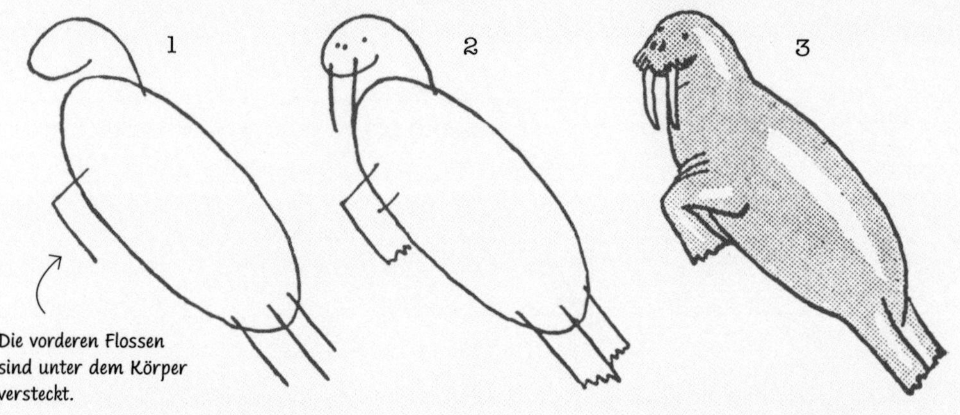

WALROSSKOPF

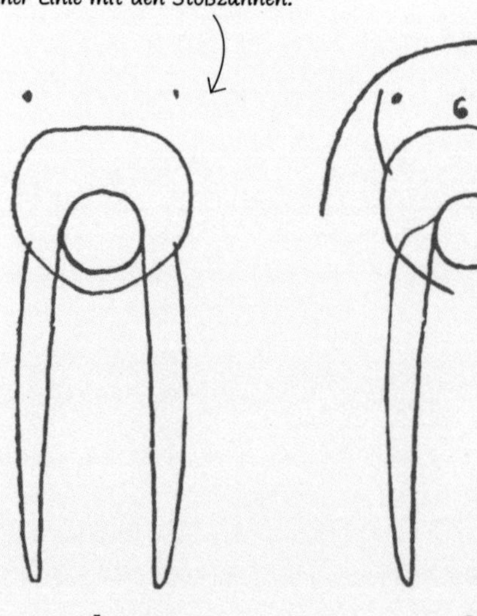

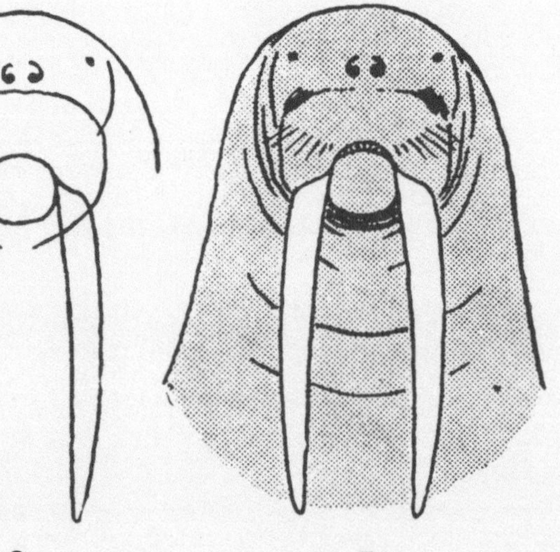

Jetzt bist du dran!

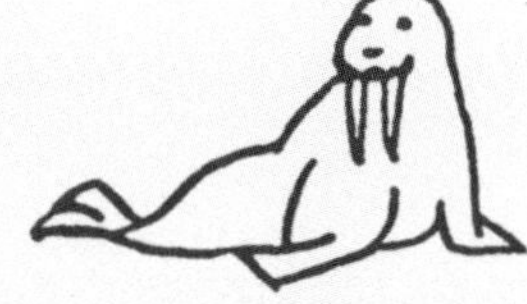

SEELÖWEN

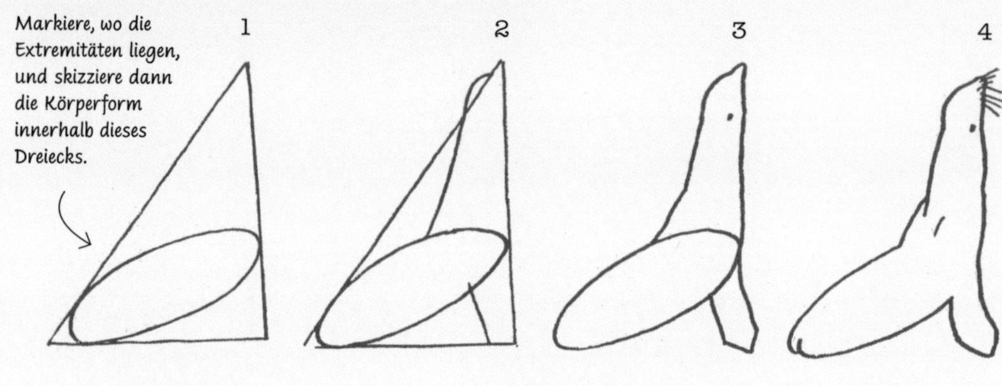

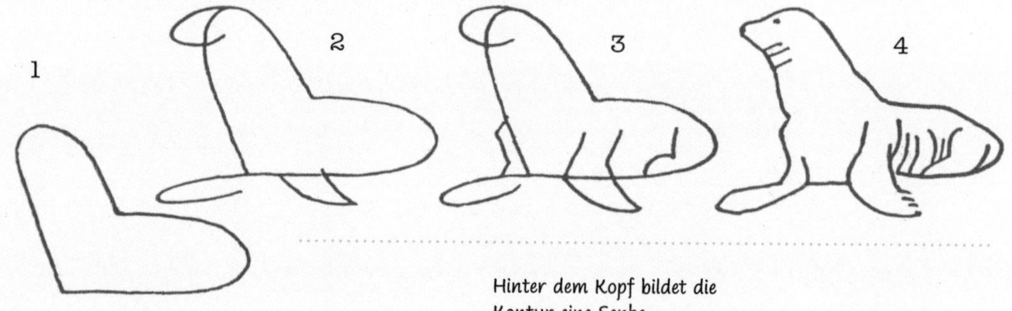

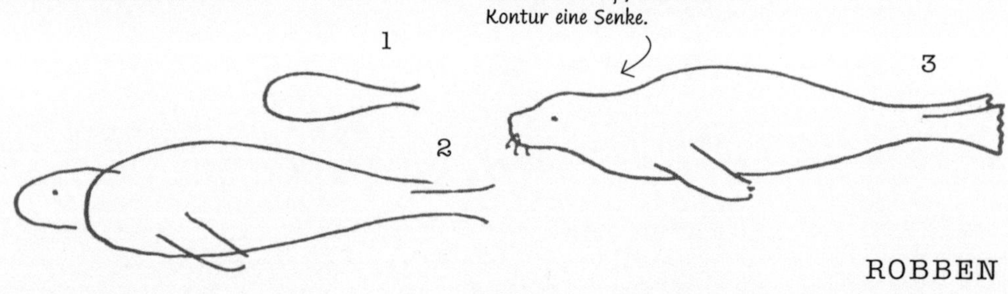

ROBBEN

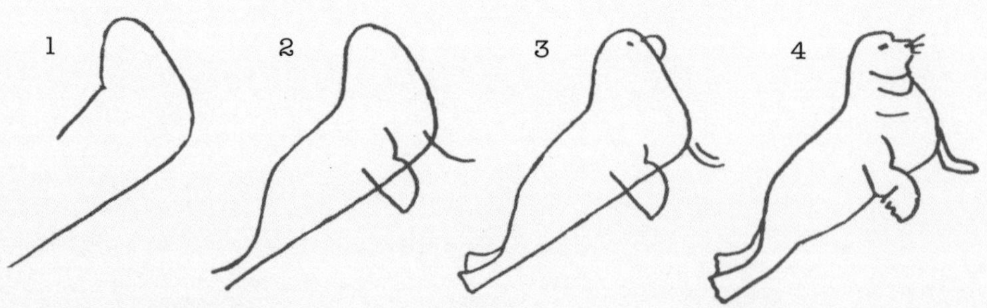

Jetzt bist du dran!

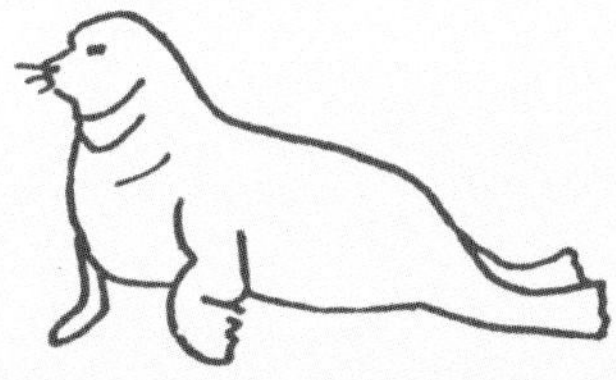

HUMMER
Ansicht von unten

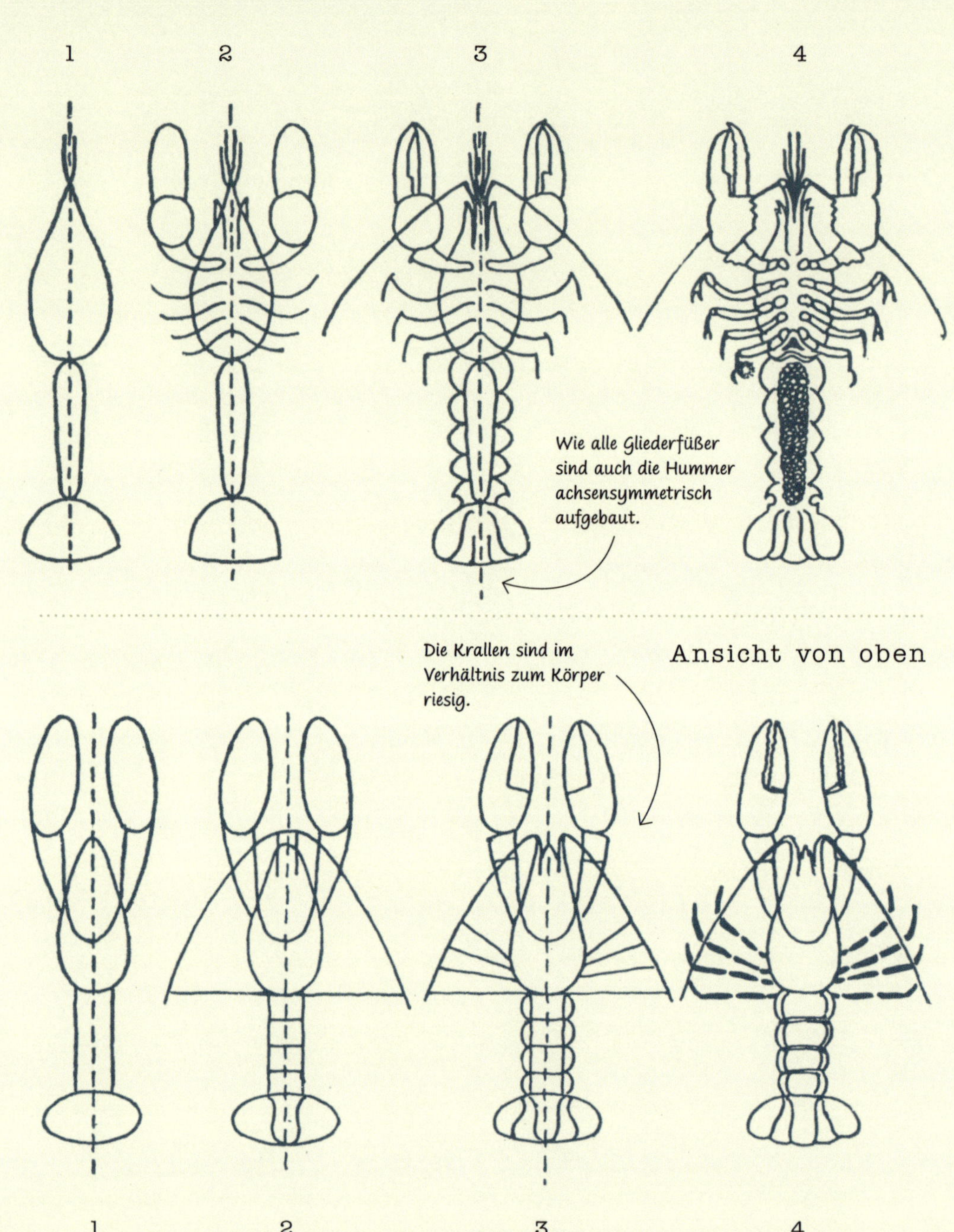

Jetzt bist du dran!

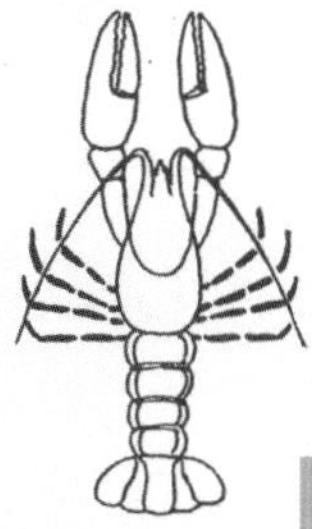

NOCH MEHR SCHALENTIERE

KRABBEN

Die Beine sind unterteilt – hier braucht es feine Linien.

1 2 3 4

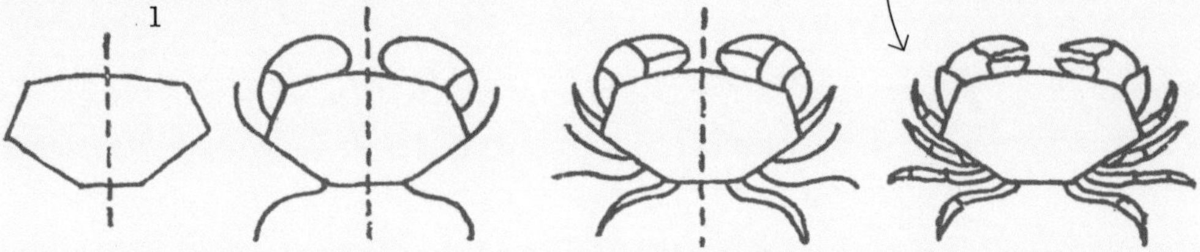

1 2 3 4

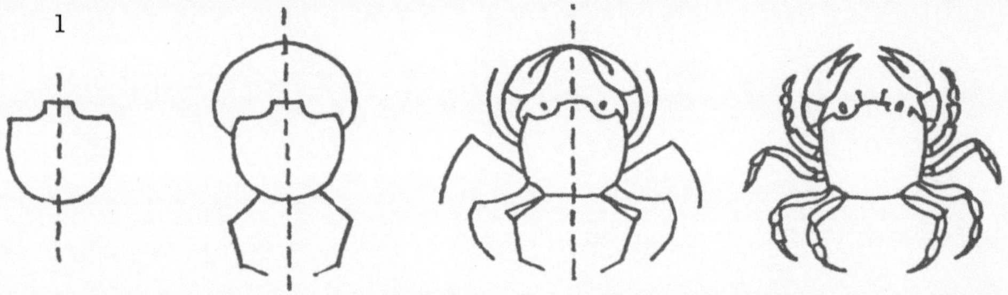

1 2 3

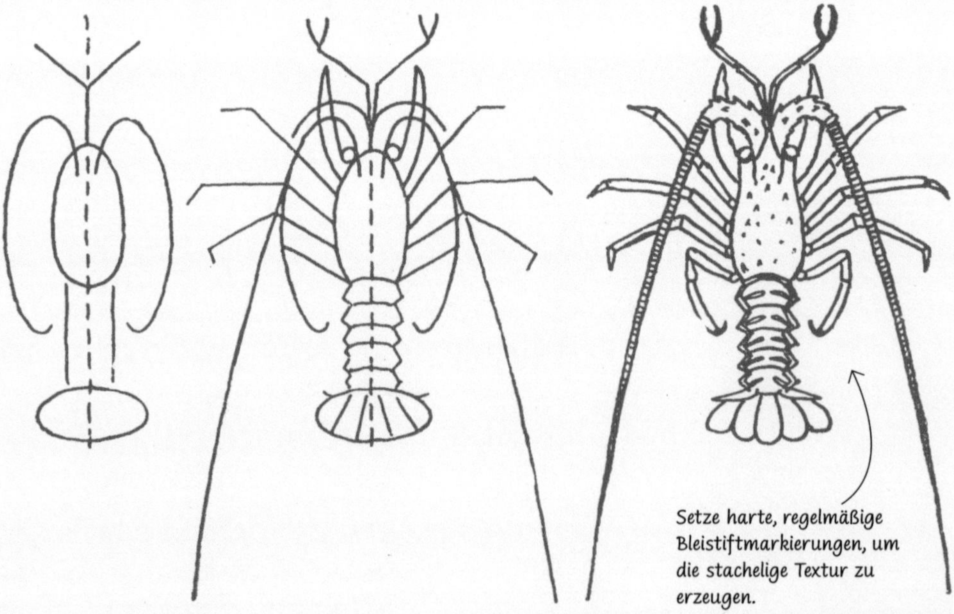

Setze harte, regelmäßige Bleistiftmarkierungen, um die stachelige Textur zu erzeugen.

LANGUSTE

Jetzt bist du dran!

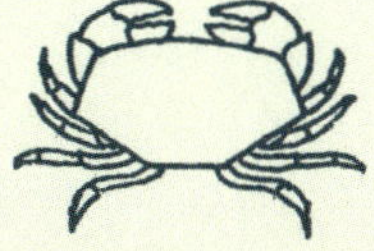

SCHNECKEN

Ein paar Striche vermitteln die harte Textur der Schale.

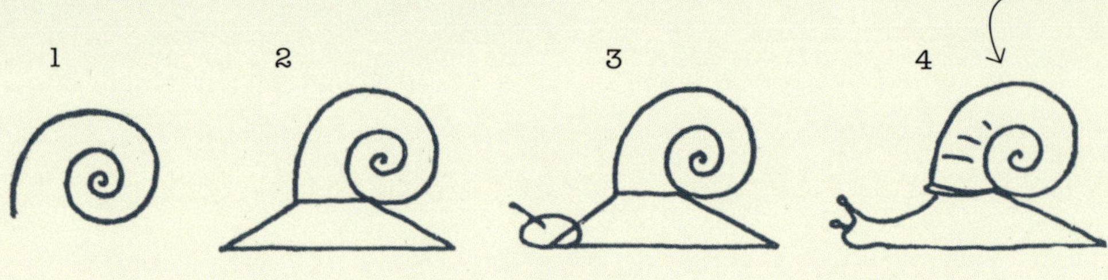

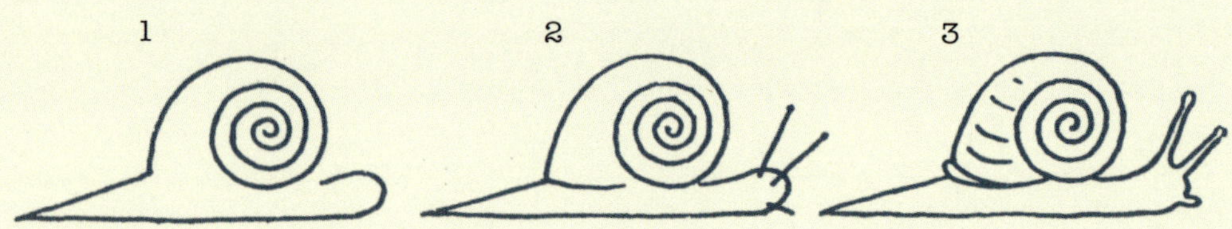

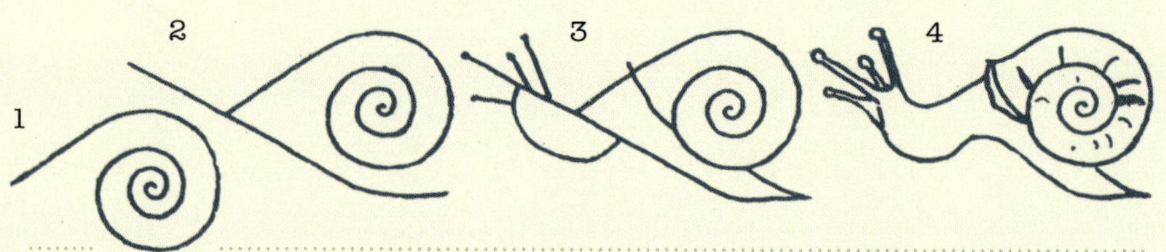

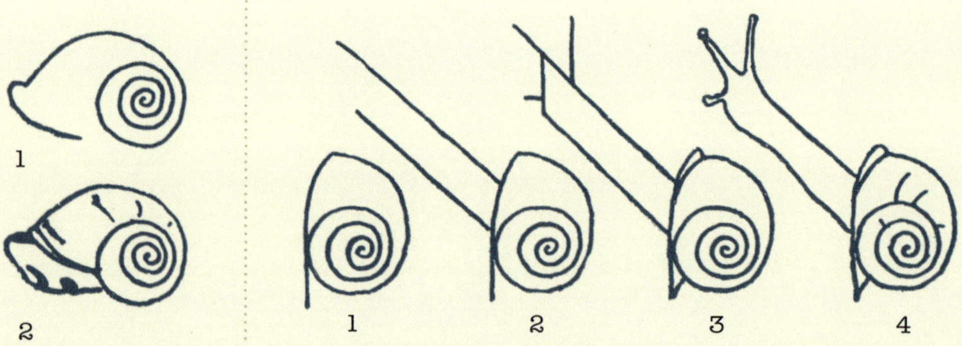

NACKTSCHNECKE

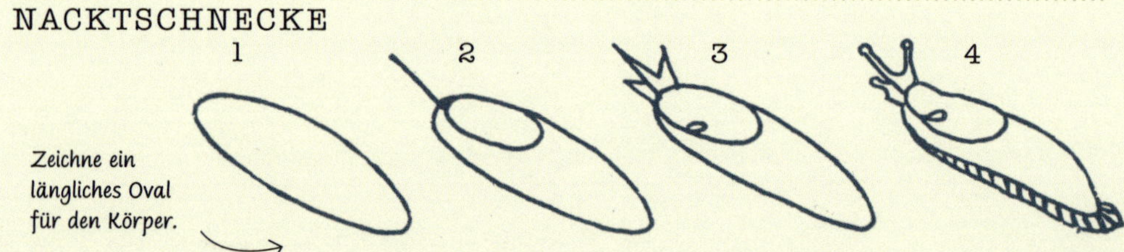

Zeichne ein längliches Oval für den Körper.

Jetzt bist du dran!

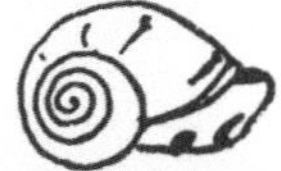

RIESENALK

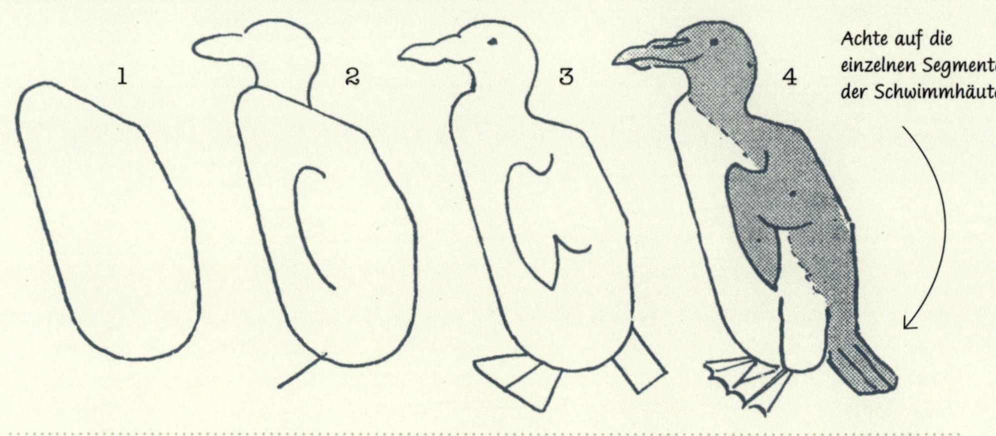

FELSENPINGUIN

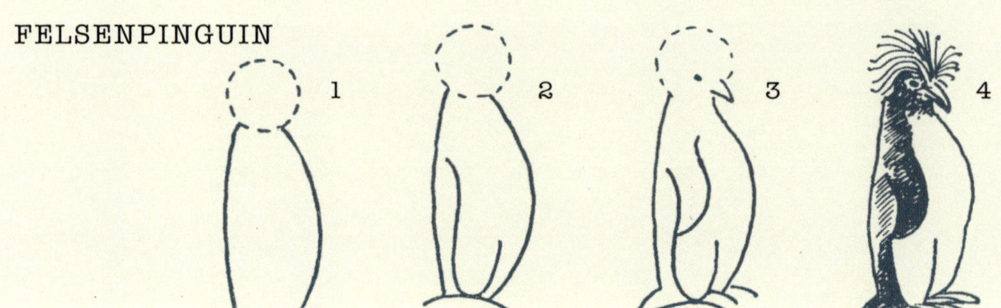

KAISERPINGUIN

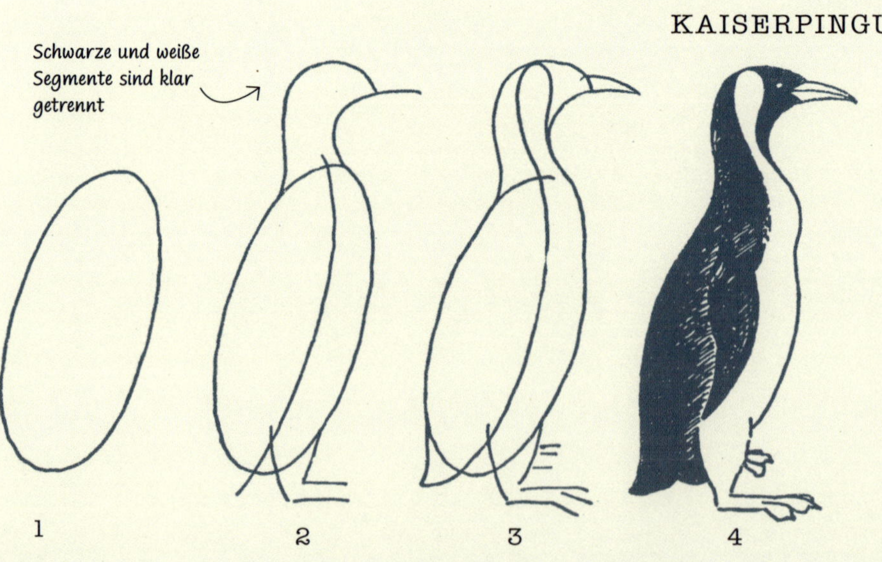

Jetzt bist du dran!

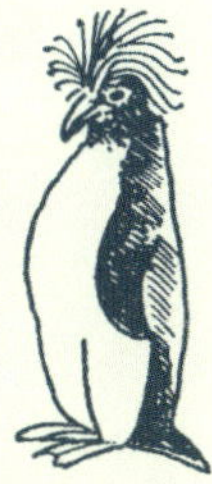

AUFBAU EINES INSEKTS

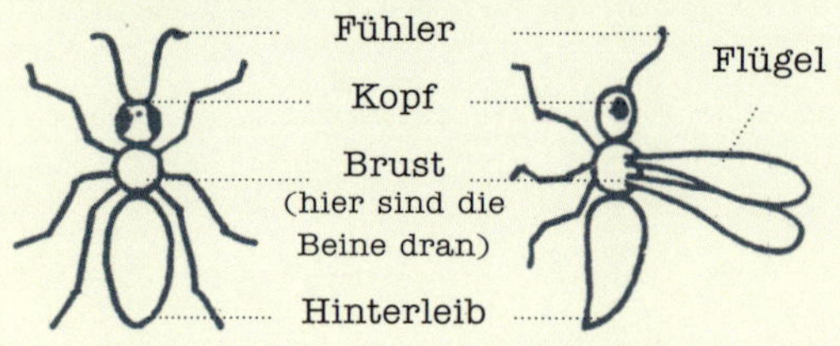

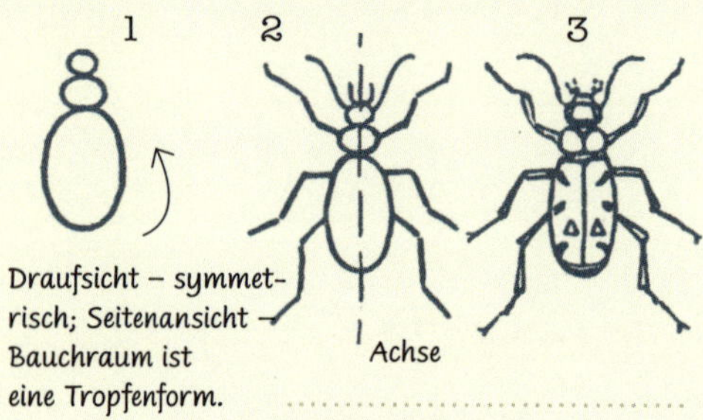

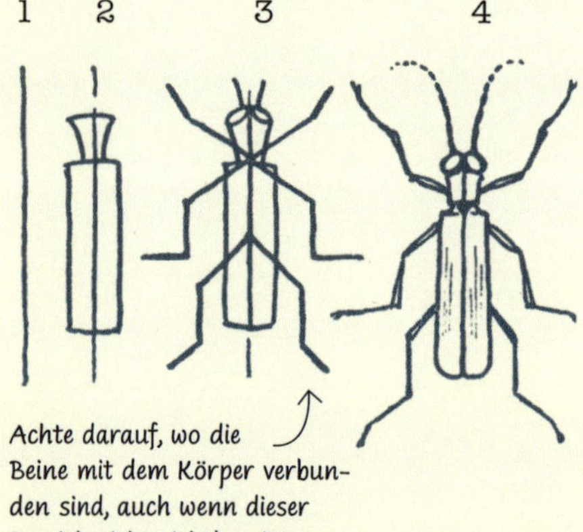

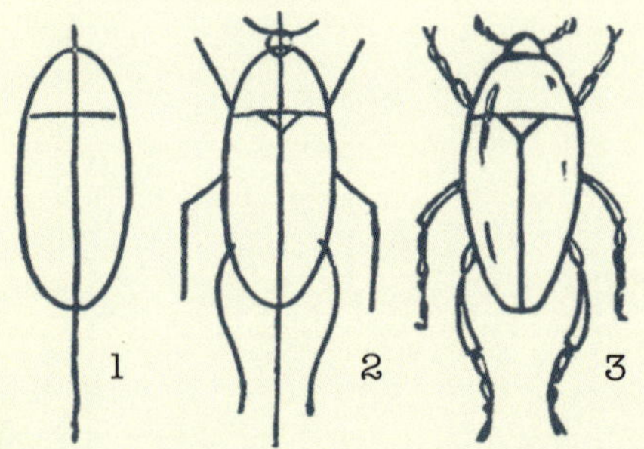

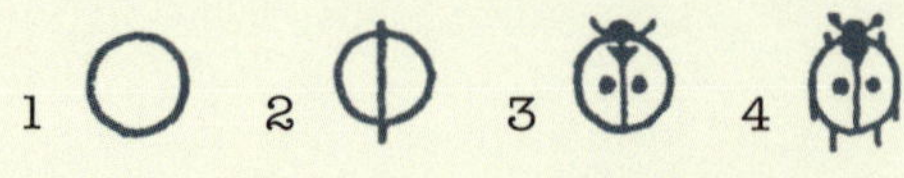

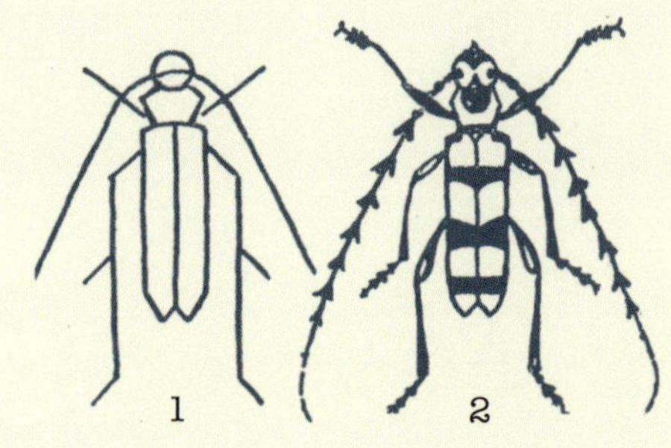

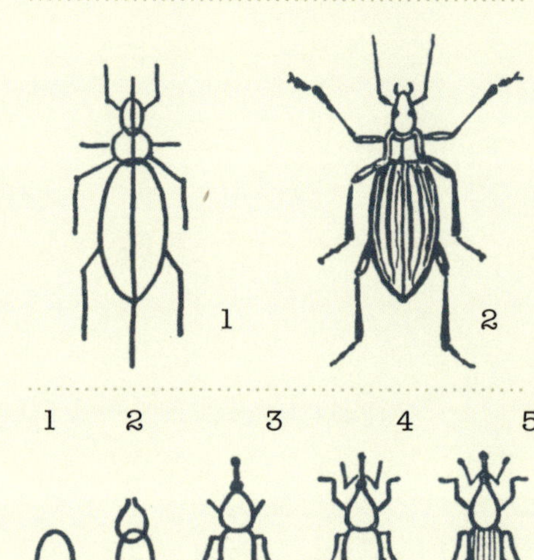

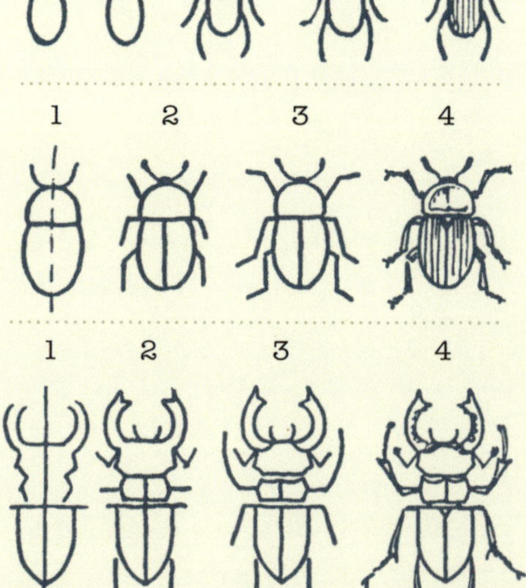

Jetzt bist du dran!

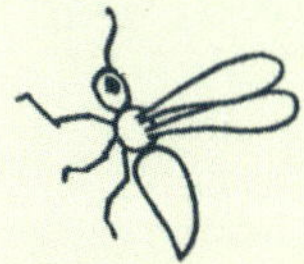

NOCH MEHR INSEKTEN

FLIEGE

Die drei Teile eines Insekts: Kopf, Brust, Hinterleib.

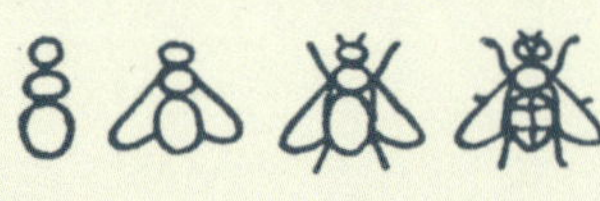

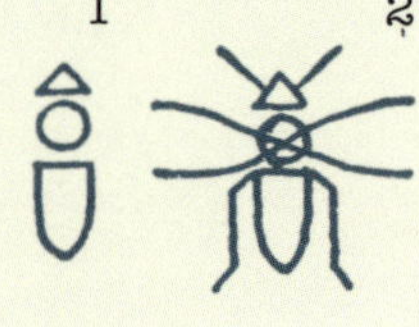

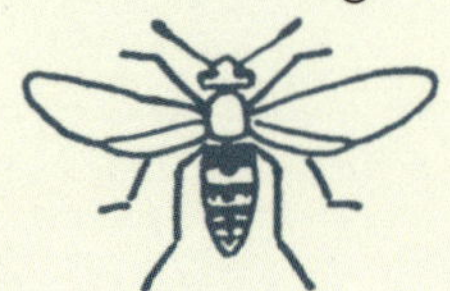

WESPE

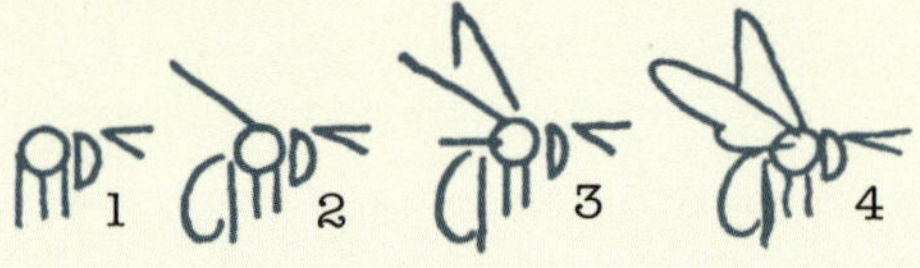

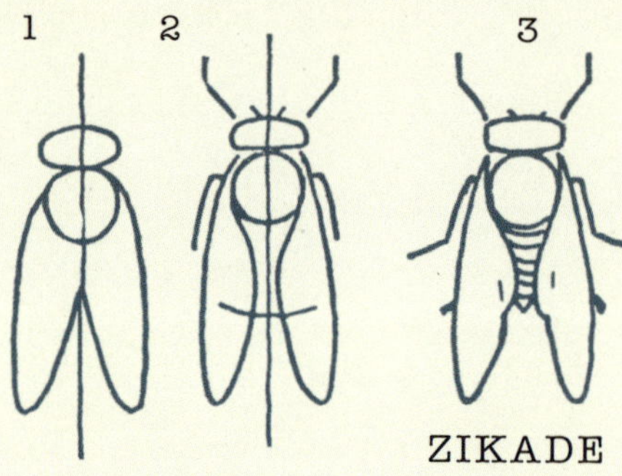

ZIKADE

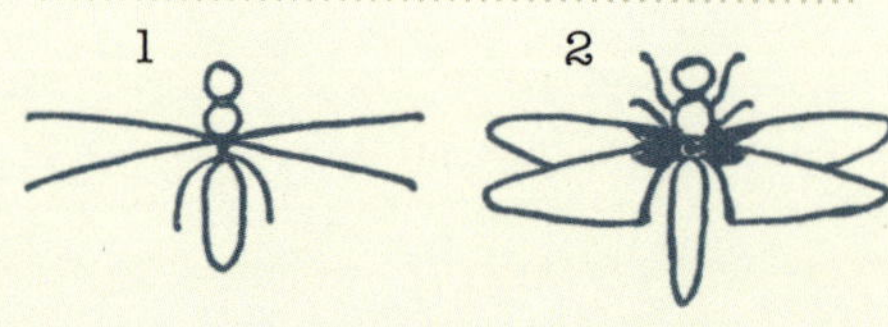

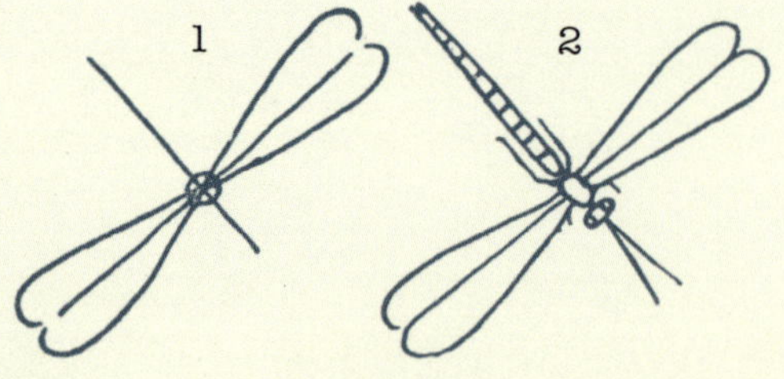

LIBELLE

HAUSSPINNE

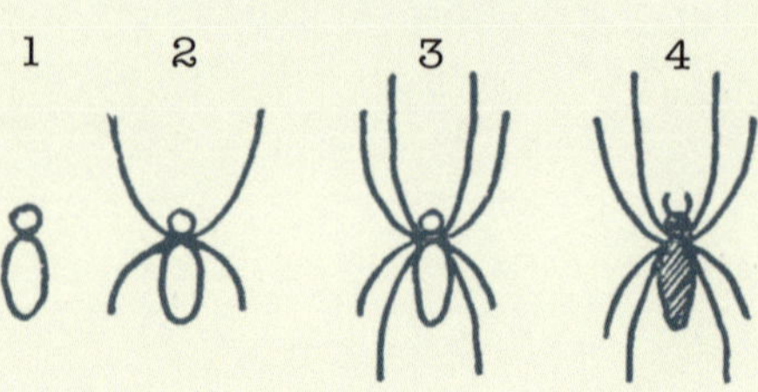

TARANTEL

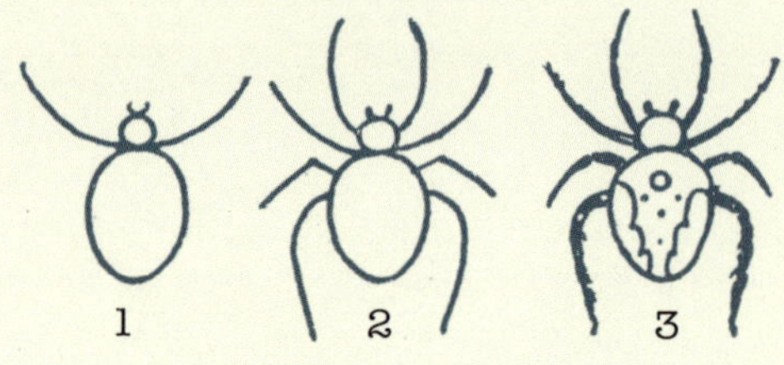

RADNETZSPINNE

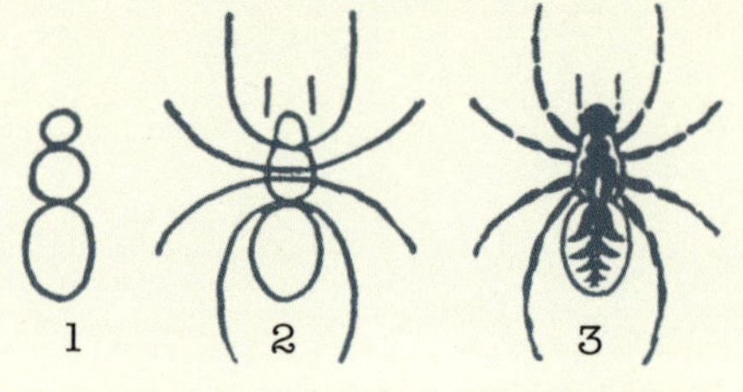

BIENE

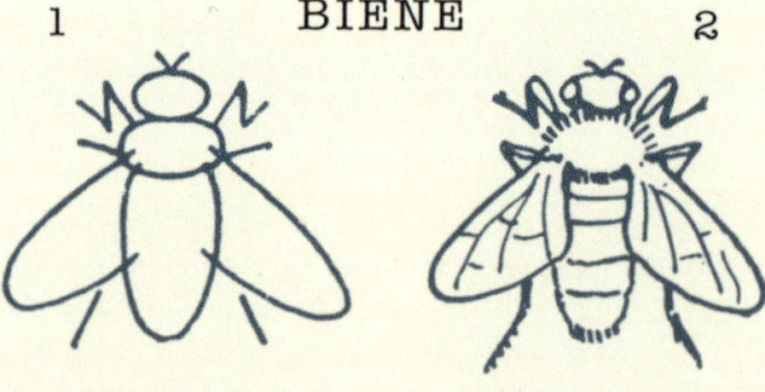

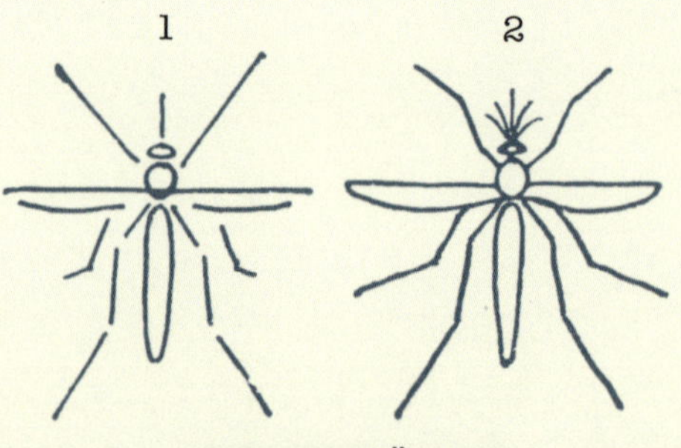

STECHMÜCKE

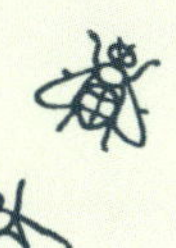

Jetzt bist du dran!

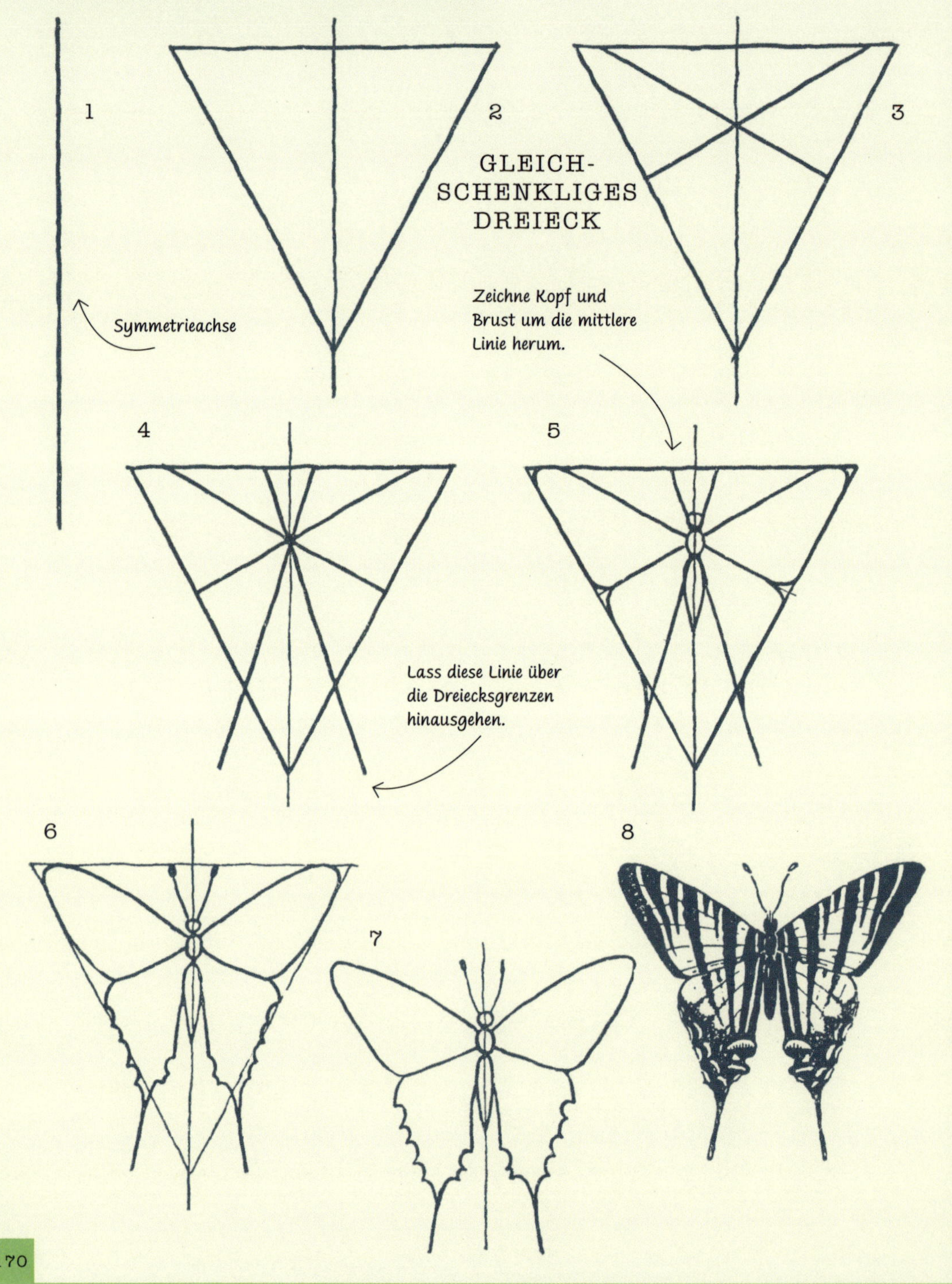
1
2
3
GLEICH-
SCHENKLIGES
DREIECK
Symmetrieachse
Zeichne Kopf und
Brust um die mittlere
Linie herum.
4
5
Lass diese Linie über
die Dreiecksgrenzen
hinausgehen.
6
7
8

Jetzt bist du dran!

SCHMETTERLINGE UND MOTTEN

SCHMETTERLINGE

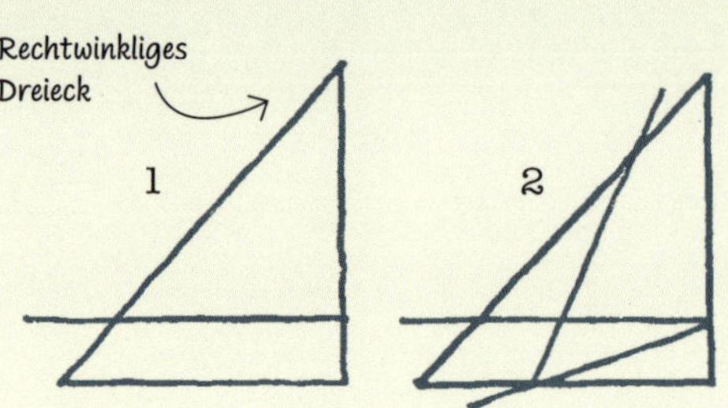

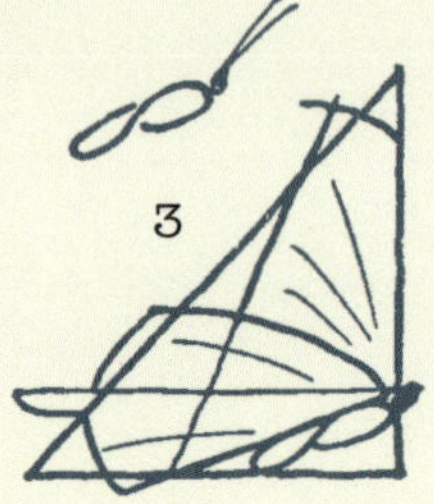

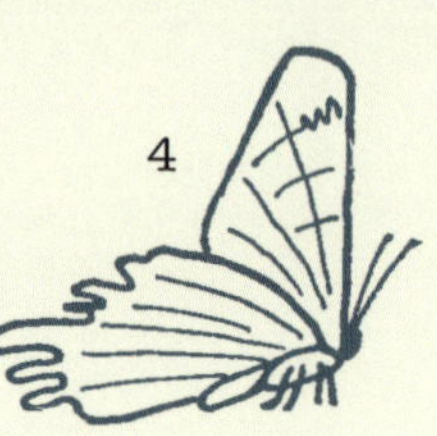

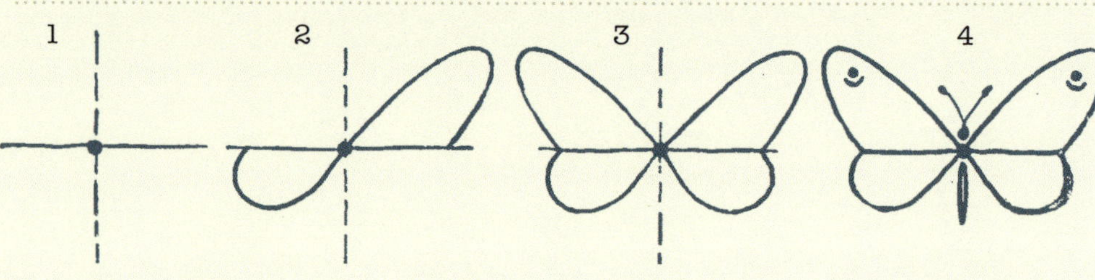

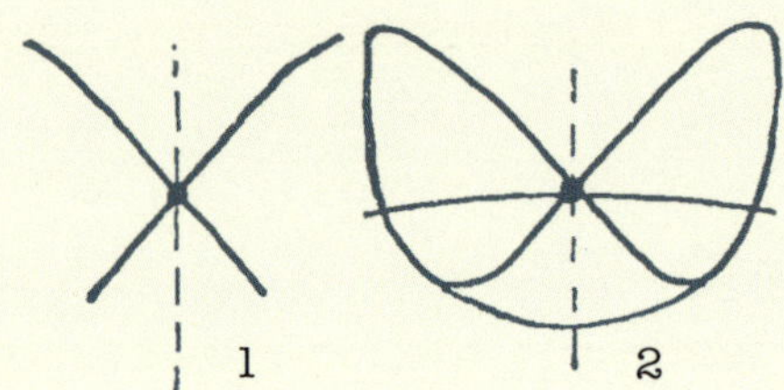

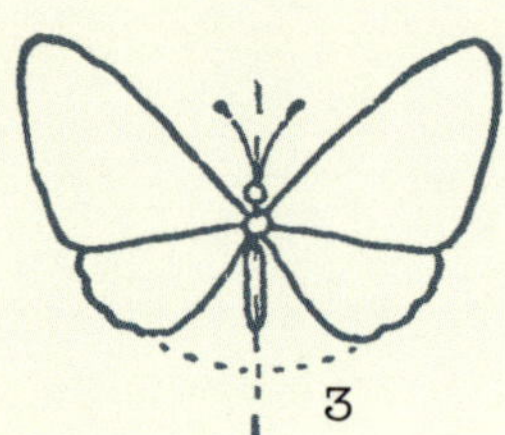

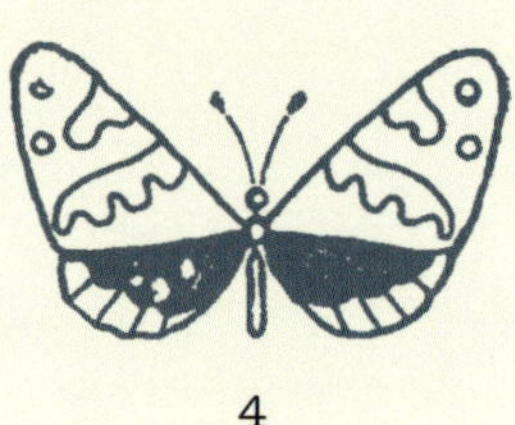

MOTTEN

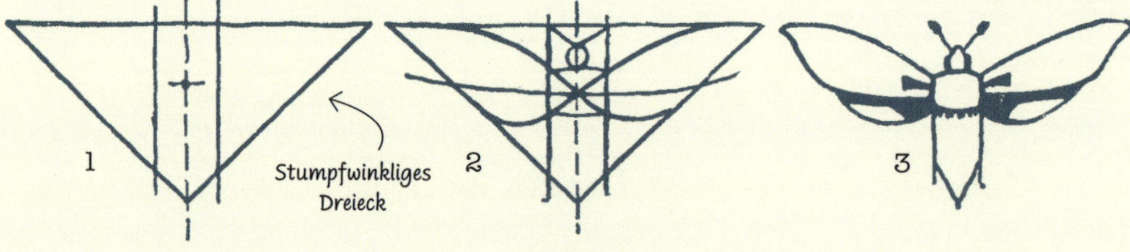

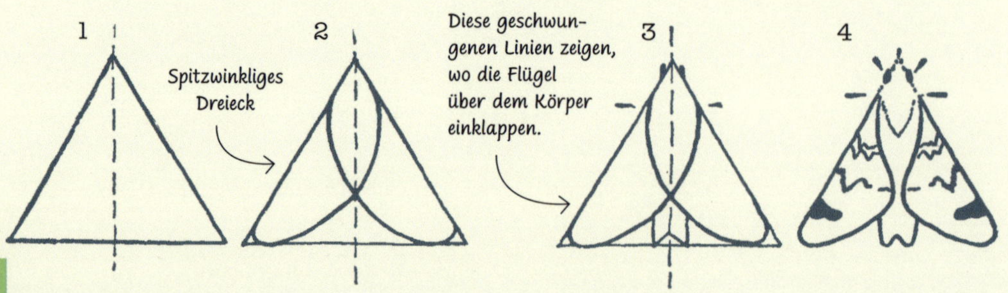

Jetzt bist du dran!

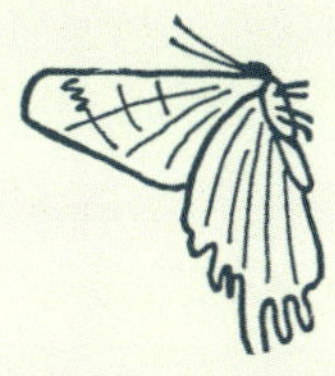

HEUSCHRECKEN, GRILLEN UND OHRWÜRMER

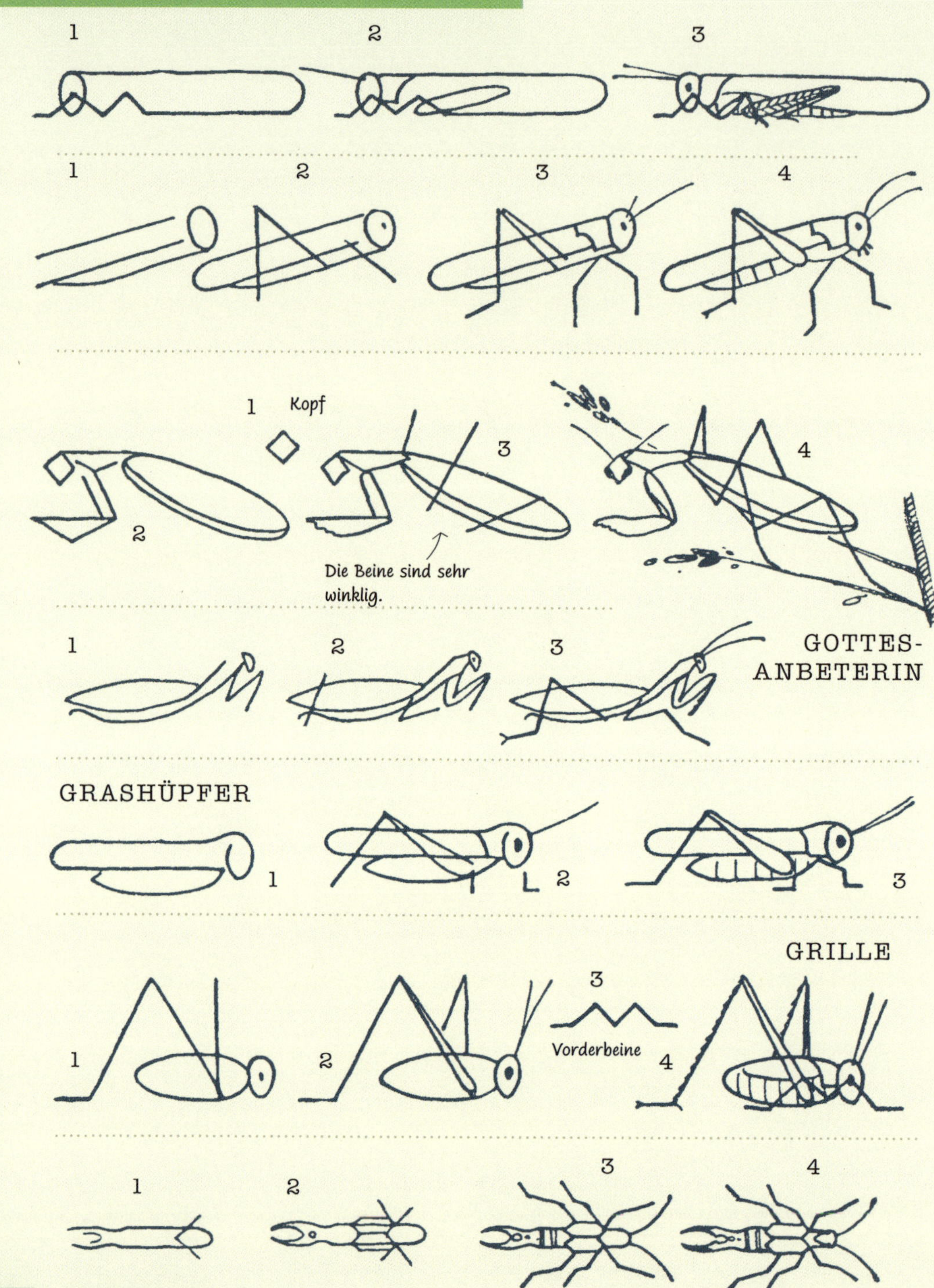

Jetzt bist du dran!

Ende